日商
プログラミング検定

STANDARD

公式ガイドブック　C言語

日本商工会議所プログラミング検定研究会編

はじめに

　AI、IoT など IT 利活用の高度化・多様化により第 4 次産業革命が進行するなか、小学校からの必修化や大学入学共通テストにおける導入をはじめ、プログラミング教育が大きな注目を集めております。企業活動においては、IT 需要の増大により IT 企業の人材不足が深刻化しており、ユーザー企業においても IT スキルを持つ人材がいないことが大きな経営課題となっております。

　こうした状況を踏まえ、日本商工会議所では、情報技術の基盤となるプログラミングスキルの習得を促進・支援するとともに、企業の IT 化支援および IT リテラシー強化に資することを目的として「日商プログラミング検定試験」を創設いたしました。

　同検定は、基本的なプログラミングスキルの習得を支援するもので、年齢、職業等を問わず幅広く多くの方々に学習・受験いただける試験としており、学習の進捗度に応じて初学者から段階的に受験できるよう 4 つのレベルを設定しております。このうち STANDARD レベルは、プログラミングに関する基本知識・スキルを問う内容となっており、実践的な試験とするよう言語別に、プログラミングに関する知識を問う「知識科目」に加え、設定された課題をプログラミングする「実技科目」で構成されております。

　本書は同検定「STANDARD」の受験に際し、身につけていただきたい知識・スキルを提示・解説し、効率的に学習を進めていただく一助となるよう作成した公式ガイドブックです。

　本書を検定試験合格への「道標」としてご活用いただくとともに、習得した知識やスキルを活かして、実社会においてますますご活躍されることを願ってやみません。

2019 年 5 月
日本商工会議所

日商プログラミング検定について

　日商プログラミング検定とは、日本商工会議所・各地商工会議所が主催するプログラミングに関する検定で、IT人材の育成に資するため、プログラミングに関する基本知識・スキルを体系的に習得する機会や学習支援の仕組みを提供するとともに、習得レベルを測定・認定する、新たな検定試験・認定制度です。

　試験概要、各レベルの試験内容は次のとおりです。

試験概要

受験資格	制限なし
試験方式	インターネットを介して試験の実施、採点、合否判定を行うネット試験
試験日	試験会場で随時受験が可能（試験会場が日時を指定）
申込方法	受験を希望するネット試験会場へ直接申し込み https://links.kentei.ne.jp/organization/
受験料（税別）	ENTRY　3,000円　　BASIC　4,000円　　STANDARD　5,000円

試験内容

	ENTRY（エントリー）	BASIC(ベーシック)	STANDARD（スタンダード）
出題形式 試験時間	択一知識問題　30分	択一知識問題　40分	択一知識問題　30分 プログラミング実技　30分
合格基準	70点以上	70点以上	知識科目　70点以上 実技科目　3問完答
言語	Scratch (Scratch3.0に対応)	言語によらない	Java、C言語、VBA

STANDARDの試験範囲・学習項目

　STANDARD試験は、言語ごと（Java、C言語、VBA）に実施され、択一知識問題とプログラミング実技問題（全3問）で構成されます。それぞれの試験範囲・学習項目は次のとおりです。

Java	C言語	VBA
1. 値とリテラル 2. 変数とデータ型 3. Java API 4. 分岐 5. 繰返し 6. 一次元配列	1. 値とリテラル 2. 変数とデータ型 3. 分岐 4. 繰返し 5. 一次元配列 6. 文字列 7. ポインタ 8. いろいろな関数	1. 値とリテラル 2. 変数とデータ型 3. 分岐 4. 繰返し 5. 一次元配列 6. シート 7. 主なExcel関数とVBA関数

★択一知識問題サンプル画面

以下のプログラムの説明で最も適切なものを選択せよ。

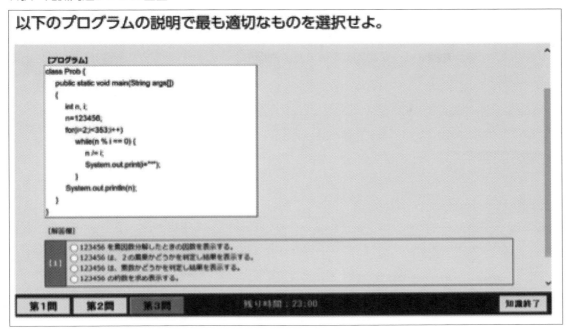

★プログラミング実技問題サンプル画面

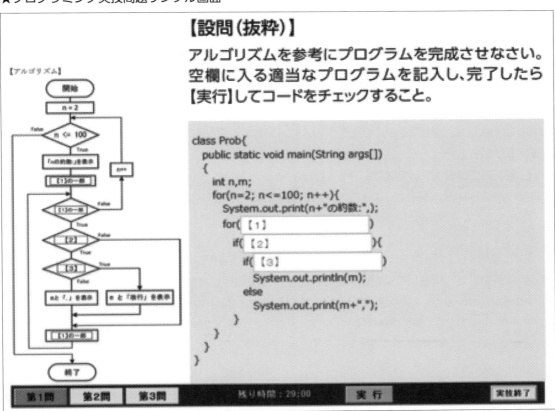

【設問（抜粋）】

アルゴリズムを参考にプログラムを完成させなさい。
空欄に入る適当なプログラムを記入し、完了したら
【実行】してコードをチェックすること。

```
class Prob{
  public static void main(String args[])
  {
    int n,m;
    for(n=2; n<=100; n++){
      System.out.print(n+"の約数:",);
      for(  【1】              )
        if(  【2】          ){
          if(  【3】            )
            System.out.println(m);
          else
            System.out.print(m+",");
        }
    }
  }
}
```

本書の使い方

　本書は、日商プログラミング検定 STANDARD（C 言語）の対策教材です。

　本書では、C 言語に関する一定の知識をもった方向けに、どのような論点が出題範囲になっているのか、ご紹介していきます。

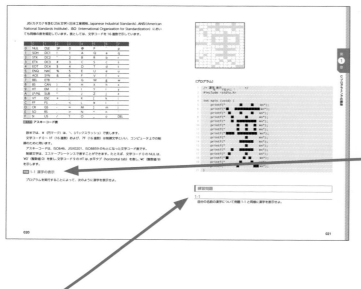

　論点解説や例題を通じて、出題範囲について解説しています。太字の部分はキーワードであり、択一知識問題でも問われるところです。きちんとおさえておくようにしましょう。

例題

実際にプログラムを入力し、〔実行結果〕のとおりになるかどうか、確認してみましょう。

練習問題

　章末には、練習問題がついています。実際にプログラムを作成してみましょう。巻末には略解がついていますので、参考にしてください。

★読者サポート

　日商プログラミング検定では、下記の公式ページにおいて、サンプル問題や、受験方法（試験会場の検索）など、試験全般に役立つ情報を掲載しておりますので、ぜひ、参考にしてください。

　https://www.kentei.ne.jp/pg

　また、MinGW のインストール方法につきましては、下記ページをご参照ください。他、随時、必要な追加情報も掲載していきますので、試験前に確認しておきましょう。

　https://bookstore.tac-school.co.jp/pages/download_service/

Contents

第 0 章

はじめに

　現在の情報社会では、コンピュータが至るところで用いられています。デスクトップ PC やノート PC はもちろんのこと、タブレット PC やスマートフォンもコンピュータの一種であるともよく知られています。さらに言えば、自動車や飛行機を含む多くの乗り物や、冷蔵庫や炊飯器のような家電製品の中でも、コンピュータが用いられています。

　コンピュータは、人間が作り出した初めての「目的をもたない機械」だといわれています。コンピュータを購入して、電源を投入しても何かしてくれるわけではありません。コンピュータを有用に動作させるためには、**プログラム**（program）という命令の並びを与えなければなりません。プログラムは、目的をもたない機械を、時にはゲーム機にし、時にはワープロにします。別の言い方をすれば、コンピュータとは、どのようなものにもなれる万能の機械です。コンピュータに、ゲームやワープロのような特定の仕事をさせるプログラムを**アプリケーションプログラム**（application program）といいます。単にアプリケーションということもありますが、最近では、より短くアプリといわれることが多いようです。

　アプリケーションもプログラムなので、コンピュータの命令の並びとして記述されなければなりません。しかしながら、命令を直接記述していく作業は、非常に煩雑で、現在利用されている規模のアプリケーションを記述するのは困難です。そこで、現在のアプリケーションは、人間の言葉に近い**プログラミング言語**（programming language）で記述されることがほとんどです。

　プログラミング言語は、コンピュータの命令を記述する「機械語」とは異なるので、プログラミング言語で記述したプログラムを動作させるためには、この相違を埋める処理が必要になります。

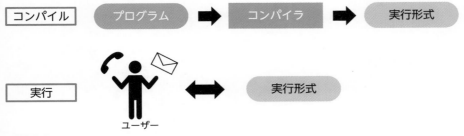

図1 コンパイルと実行

　プログラミング言語で書かれたプログラムを処理するソフトウェアは、**プログラミング言語処理系**（programming language processing system）、あるいは単に**言語処理系**（language processing system）といわれます。言語処理系は、**コンパイラ**（compiler）と**インタプリタ**（interpreter）に大別できます。プログラムを、機械語や他のプログラミング言語で書かれたプログラムに変換することを**コンパイル**（compile）といい、変換するシステムをコンパイラといいます。他のプログラミング言語で書かれたプログラムに変換するものを**トランスレータ**（translator）といい区別する場合もあります。コンパイルされた機械語のプログラムは、直接命令を記述したものと同じなので、コンピュータ本来のスピードで実行することができます。以下、コンパイラが処理するプログラミング言語で書いたプログラムを**ソースコード**（source code）といい、コンパイラが生成する機械語プログラムを**目的コード**（object code）あるいは**機械コード**（machine code）ということにします。

　本書で紹介するCプログラミング言語（以下、C言語という）は、典型的なコンパイル実行されるプログラミング言語です。一般に、アプリケーションは、オペレーティングシステムとハードウェアの組合せを意味する**プラットホーム**（platform）ごとに用意する必要があります。C言語は、このたくさんあるプラットホーム上で、特定の機械コードにコンパイルされてから実行されます。本書では、プラットホームとしてWindowsを想定しています。

　本書では、高等教育の基礎学習として学ぶべき内容を中心に、C言語の基本を解説していきます。

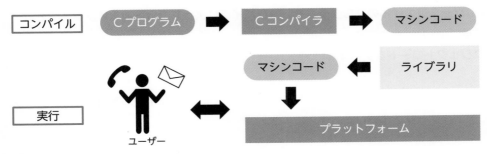

図2 C言語のコンパイルと実行

第1章

Cプログラミングの開始

　本章では、MinGW と、マイクロソフト社の Windows 10 が提供する「メモ帳」を用いて、C言語によるプログラム作成から実行までを紹介します。

　MinGW とは、Minimalist GNU for Windows の略で、C言語をはじめとする多くの言語に対応したコンパイラである GNU Compiler Collection と、コンパイラシステムの構築に利用できるランタイムヘッダ群を、Microsoft Windows 上で利用できるようにしたソフトウェアです。

　MinGW を構成するソフトウェアの一部は、GNU General Public License に基づいて配布されています。MinGW の WEB サイト（http://www.mingw.org/）にあり、自由に必要なソフトウェアをダウンロードしてインストールすることができます。ソフトウェアライセンス情報もありますので、利用開始する前に確認しておいてください。

　C言語によるプログラム作成から実行までの操作は、次の3ステップです。

1. **プログラム作成：エディタを用いてプログラムを記述したソースファイル（拡張子は「.c」）を作成する。本書では、エディタにメモ帳（notepad）を用いています。**
2. **コンパイル：ソースファイルのプログラムを、コンパイラによって実行可能なオブジェクトコード（拡張子は「.exe」）を生成する。**
3. **実行：オブジェクトコードを実行する。**

　これらの操作では、複数のファイルを扱うことになるので、MinGW をインストールしたディレクトリに作業用のディレクトリを作成しておきましょう。

　まずは MinGW を起動して、コマンドプロンプトを立ち上げます。

C:¥WINDOWS¥system32¥cmd.exe
Microsoft Windows [Version 10.0.17134.523]
(c) 2018 Microsoft Corporation. All rights reserved.
C:¥CPROGSTD>

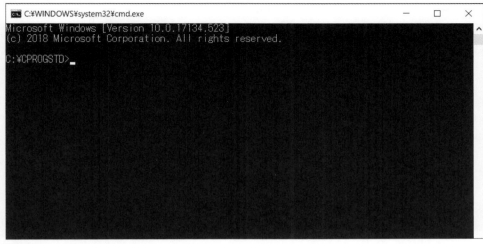

図 1-1 コマンドプロンプト

ここで、「mkdir myC ↴」と入力して、「myC」というディレクトリを作成します。「dir ↴」と入力してディレクトリ myC が作成できていることを確認してください（ここで、「↴」は最後に「Enter キー」を押すことを表します）。

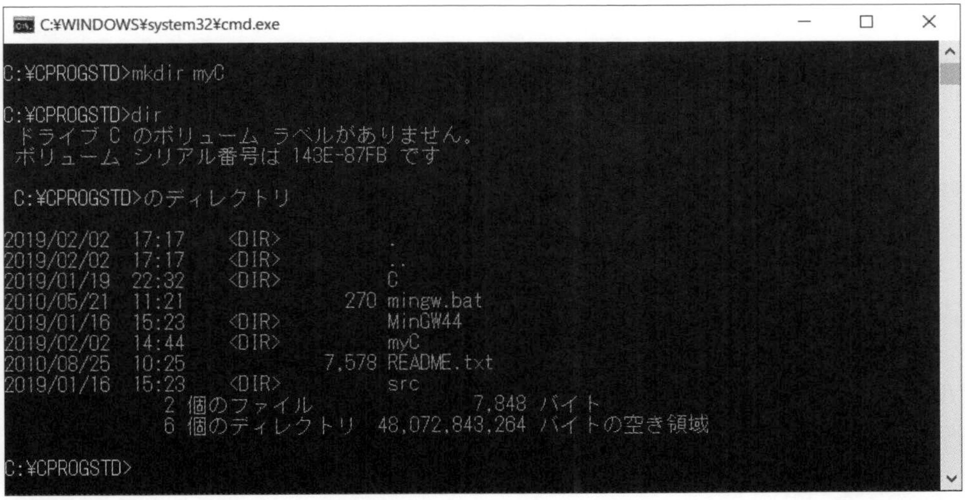

C:¥WINDOWS¥system32¥cmd.exe
C:¥CPROGSTD>mkdir myC
C:¥CPROGSTD>dir
ドライブ C のボリューム ラベルがありません。
ボリューム シリアル番号は 143E-87FB です
C:¥CPROGSTD>のディレクトリ
2019/02/02 17:17 <DIR> .
2019/02/02 17:17 <DIR> ..
2019/01/19 22:32 <DIR> C
2010/05/21 11:21 270 mingw.bat
2019/01/16 15:23 <DIR> MinGW44
2019/02/02 14:44 <DIR> myC
2010/08/25 10:25 7,578 README.txt
2019/01/16 15:23 <DIR> src
2 個のファイル 7,848 バイト
6 個のディレクトリ 48,072,843,264 バイトの空き領域
C:¥CPROGSTD>

図 1-2 作業ディレクトリ myC の作成

次に、「cd myC ↴」と入力して、作業ディレクトリ myC へ移動します。これでプログラムを作成する準備が整いました。

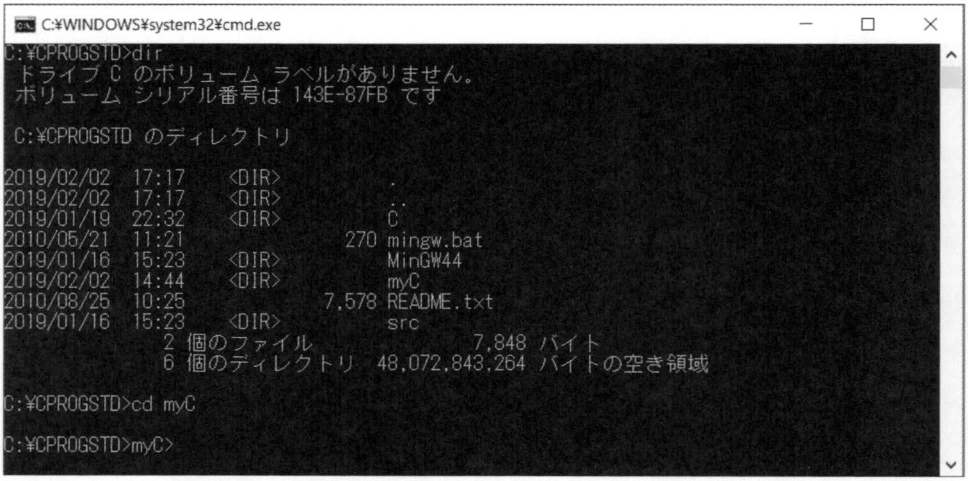

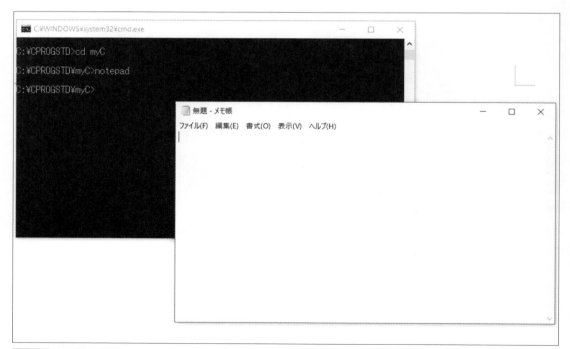

図 1-3 作業ディレクトリ myC への移動

プログラミング

　C プログラミングをするためには、プログラムを記述したファイルを作成しなければなりません。ファイルの作成と編集はエディタで行います。ここでは、メモ帳（notepad）をエディタとして使うことにします。図 1-4 のように、コマンドプロンプト上で「notepad ↵」とキーボードで入力し、メモ帳を起動しましょう。

図 1-4 メモ帳の起動

図 1-4 のようにメモ帳が起動したら、C プログラムを入力します。試しに、図 1-5 のように簡単なプログラムを入力してみましょう。このプログラムは、「Hello World!」という文字列を、画面上に出力するプログラムです。今後、画面に出力することを、短く「表示する」ということにします。

```
1  /* " Hello World!" と表示するプログラム */
2  #include <stdio.h>
3
4  int main () {
5      printf("Hello World!");
6      return 0;
7  }
```

図 1-5 「Hello World!」と表示するプログラム（ファイル：hello.c）

　次に、プログラムを保存してファイルを作成します。メモ帳から「ファイル」→「名前を付けて保存」の順に選択して、図 1-6 のウィンドウを表示しましょう。「ファイル名」に対して「hello.c」と入力し、右下の「保存」ボタンをクリックします。myC ディレクトリに hello.c というファイルが作成されているのを確認しましょう。

　プログラムを編集するたびに忘れずにファイルに保存してください。このとき、ファイル名を変更することなく内容を更新するだけなら、「ファイル」→「上書き保存」を用いることができます。

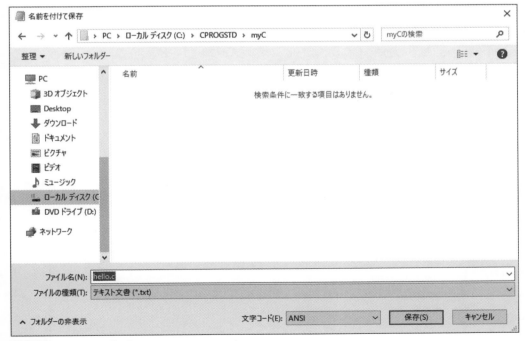

図 1-6 ファイルの作成

コンパイル

　Cプログラムを実行するためには、オブジェクトコードに変換しなければなりません。この変換を**コンパイル**（compile）といい、コマンドプロンプト上で「Cコンパイラ」（gccコマンド）を実行することで処理します。コンパイルしたいプログラムは、hello.cなので、図1-7のように「gcc -o hello hello.c ↵」と入力しましょう。「-o hello」はオブジェクトファイルの名前を指定するオプションです。オプションですから省略してもよいのですが、指定しないとデフォルトで「a.exe」という名前のオブジェクトファイルが生成されます。名前の重複を避けるために、オプション指定で、ソースファイルと同じオブジェクトファイルの名前を指定するようにしたほうがよいでしょう。

　図1-7のように、何もメッセージが表示されなければコンパイルは成功です。「error」（エラー）と書かれたメッセージが表示されたら、プログラムのどこかが間違っていることを示しています。その場合は、メモ帳に戻ってプログラムを修正する必要があります。

図 1-7 hello.c のコンパイル

　Cコンパイラは、hello.cのコンパイルによって、オブジェクトコードを生成します。オブジェクトコードは、「hello」と指定したので「hello.exe」という名のファイルができています。myCディレクトリにhello.exeが生成されているのを確認しましょう（図1-8）。MinGWでいうところのディレクトリは、Windowsのフォルダにほかならないことがわかると思います。

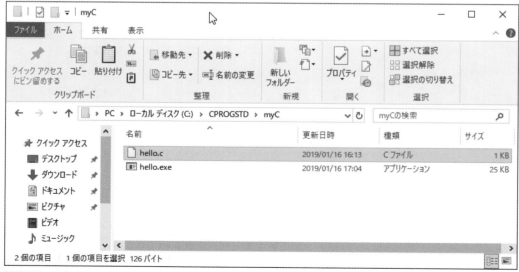

図 1-8 オブジェクトファイル hello.exe の生成

本書で紹介する C 言語のプログラムは、現在日本工業規格 JIS X 3010:2003 として制定されている C 言語の標準に準拠しています。これは、1999 年に ISO によって制定された ISO/IEC 9899:1999 の翻訳規格であり、C99 と呼ばれています。もっとも、組み込みシステムの開発では、古い規格の C89 が使われることが多いことから、例題は、C89 用のコンパイラでも動作するようにしてあります。C99 に新たに加わった機能を用いたい場合は、コンパイルの指定を、次のようにしてください。

```
¥myC>gcc -std=c99 -o hello hello.c
```

実行

　生成したオブジェクトファイルは、そのままコマンドプロンプト上で実行することができます。図 1-9 のように、コマンドプロンプト上で「hello ⏎」と入力しましょう。接尾辞の「.exe」は省略可能です。

図 1-9 オブジェクトファイル（hello.exe）の実行

　「Hello World!」と表示されれば成功です。
　プログラムを拡張したり、変更したりした場合は、メモ帳に戻って、「編集」→「保存」→「コンパイル」→「実行」の一連の作業を繰り返す必要があります。

C プログラムの外観

　C プログラムの構成要素として最低限必要なものは、**main 関数**（main function）です。関数は 1 つの手続きを表すプログラムの単位であり、C プログラムの実行は main 関数から開始します。したがって、図 1-10 に示した hello.c では、main 関数内に記述した printf("Hello World!"); を実行し、「Hello World!」を表示しました。ここで、printf は、「(」と「)」の間に指定した文字の並びを表示する関数です。関数は、関数名の後ろに「(」と「)」を記述すると実行できます。関数を実行することを**関数呼び出し**（function call）といいます。printf は、コンピュータに文字列を出力させる関数です。

　最後に、今後重要になる**注釈**（comment）の指定方法を説明しておきましょう。注釈は、/* 注釈 */ のように「/*」と「*/」で囲みます。注釈は、コンパイラが無視するので、図 1-10 のように、空白や改行を含めた任意の文字の並びを指定することができます。

```
1   /* " Hello World!" と表示するプログラム */
2   #include <stdio.h>
3
4   int main () {
5       printf("Hello World!");
6       return 0;
7   }
```

図 1-10 注釈の指定（ファイル：hello.c）

値とリテラル

次に、計算やその他の処理対象になる**値**（value）とは何か、そして値がプログラム中で、どのように表されるかについて説明します。

1 値

C 言語が扱うデータは、実機のコンピュータと同様に、0 と 1 の並びで表します。そのデータが計算の中でどのように扱われるか定められると、値といわれるようになります。たとえば、同じ 0 と 1 の並びでも、整数として扱えば、整数の値（以下、「整数値」という）であり、実数として扱えば、実数の値（以下、「実数値」という）です。0 と 1 の並びのデータによって直接表される値を、**基本値**（basic value）といいます。基本値には、他に、文字を表す**文字値**（character value）があります。

2 リテラル

プログラム中での定数の表記法を**リテラル**（literal）といいます。各基本値の定数は以下のリテラルで表します。

〔整数リテラル〕
10 進法、8 進法、16 進法のいずれかで表します。

* **10 進法表現：10 進法で表記**

例）26

* **8 進法表現：接頭辞「0」の後に 8 進法で表記**

例）032

* **16 進法表現：接頭辞「0x」や「0X」の後に 16 進法で表記**

例）0x1a、0X2f

〔浮動小数点リテラル〕
実数は、「e」あるいは「E」を用いて浮動小数点表記をすることもできます（「1.234×10^2」は

「1.234e2」と表す）。表記法によって、32bit サイズと 64bit サイズを区別することもできます。

- 32bit 表記（接尾辞 f あるいは F を付ける）

例）123.4f、1.234e2F

- 64bit 表記（接尾辞がなければ 64bit 表記となる）

例）123.4、1.234e2

〔文字リテラル〕

1 文字を「'」で囲んで表します。

例）'A'

〔特殊文字〕

その他、次の特殊文字を用いることができます。

特殊文字	意味
¥b	バックスペース
¥t	タブ
¥n	復帰改行
¥f	送り
¥r	復帰
¥"	ダブルクォーテーション
¥'	シングルクォーテーション
¥¥	バックスラッシュ

〔文字列リテラル〕

文字の並びをダブルクォーテーション「"」で囲んで表します。

例）"C"、" こんにちは "

文字列は基本値ではありません。文字列は「¥0」で終了する文字の配列として表します。配列については、「第 5 章 一次元配列」で解説します。

アスキーコード表

コンピュータで処理する際に、文字も 0 と 1 の並び（2 進数）で表されます。現在のコンピュータでは、漢字をはじめとして世界各国の文字を表現することができますが、最も基本となるアルファベットや数字、記号、**制御文字**（control character）とそれらをどのような 2 進数で表現するかを規定したものをアスキーコード表といいます。各文字に対応する値を**文字コード**（character code）といいます。アスキーコード表では、次のように、0 から 127（16 進数 7F）までの文字を定義しています。0 から 127 で表していますので、$128 = 2^7$ 通りの 7 ビットで表します。

JIS（カタカナを含む256文字）（日本工業規格、Japanese Industrial Standards）、ANSI（American National Standards Institute）、ISO（International Organization for Standardization）においても同様の表を規定しています。表としては、文字コードを16進数で示しています。

	0	1	2	3	4	5	6	7
0	NUL	DLE	SP	0	@	P	`	p
1	SOH	DC1	!	1	A	Q	a	q
2	STX	DC2	"	2	B	R	b	r
3	ETX	DC3	#	3	C	S	c	s
4	EOT	DC4	$	4	D	T	d	t
5	ENQ	NAC	%	5	E	U	e	u
6	ACK	SYN	&	6	F	V	f	v
7	BEL	ETB	'	7	G	W	g	w
8	BS	CAN	)	8	H	X	h	x
9	HT	EM	(	9	I	Y	i	y
A	LF/NL	SUB	*	:	J	Z	j	z
B	VT	ESC	+	;	K	[	k	{
C	FF	FS	,	<	L	¥	l	|
D	CR	GS	-	=	M	]	m	}
E	SO	RS	.	>	N	^	n	~
F	SI	US	/	?	O	_	o	DEL

図 1-11 アスキーコード表

欧米では、¥（円マーク）は、\（バックスラッシュ）で表します。

文字コード0〜1F（16進数）および、7F（16進数）は制御文字といい、コンピュータ上での制御のために用います。

アスキーコードは、ISO646、JISX0201、ISO8859のもとになった文字コード表です。

制御文字は、エスケープシーケンスで表すことができます。たとえば、文字コード0のNULは、'¥0'（整数値0）を表し、文字コード9のHTは、水平タブ（horizontal tab）を表し、'¥t'（整数値9）を示します。

例題 1-1 漢字の表示

プログラムを実行することによって、次のように漢字を表示せよ。

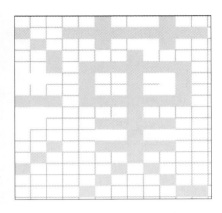

〔プログラム〕

```c
1    /* 漢字を表示するプログラム */
2    #include <stdio.h>
3
4    int main (void) {
5        printf("          ■      ■       \n");
6        printf("■  ■■■■■■■■■■ \n");
7        printf(" ■      ■      ■   \n");
8        printf("    ■        ■       \n");
9        printf("    ■ ■■■■■■ \n");
10       printf("      ■   ■   ■ \n");
11       printf("      ■   ■   ■ \n");
12       printf(" ■■■ ■■■■■■ \n");
13       printf("          ■          \n");
14       printf("       ■■■■■   \n");
15       printf("          ■          \n");
16       printf("    ■  ■■■■■  \n");
17       printf("  ■       ■       \n");
18       printf("■      ■  ■    \n");
19       printf("        ■      ■  \n");
20       printf("      ■        ■■\n");
21   }
```

練習問題

1-1

自分の名前の漢字について例題 1-1 と同様に漢字を表示せよ。

第 2 章

変数とデータ型

　プログラム実行時に値を一時的に格納しておくことによって、複雑な計算を行うことができます。値を格納することができる記憶領域を**変数**（variable）といいます。

　変数は、**変数名**（variable name）という名前を通して用います。たとえば、変数 i を次のような箱と考えることができます。

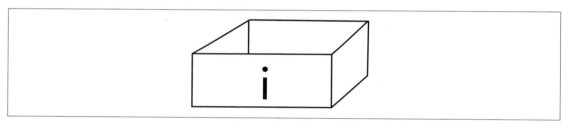

　変数に値を格納することを**代入**（assignment）といい、C 言語では、「i = 34」のように記述します。= は**代入演算子**（assignment operator）といい、= の右辺の値を、左辺の場所に代入する操作を表します。代入の結果として、次のように 34 が格納されます。

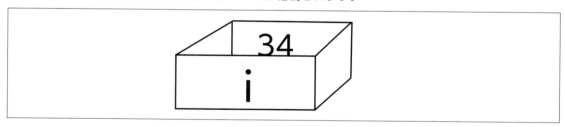

データ型

　データはどのように用いられるか定められて初めて値になります。変数に格納したデータも、どのように用いるべきか定めなければなりません。多くのプログラミング言語では、データの扱い方を示すために、**データ型**（data type）を用います。C 言語には、図 2-1 に示す 9 つのデータ型が用意されています。これらのデータ型を、**基本データ型**（basic data type）とよびます。

データ型	表現値	サイズ	値の範囲
short	16-bit 整数	2 バイト	-32,767 〜 32,767
unsigned short	16-bit 符号なし整数	2 バイト	0 〜 65,535
int	16-bit 整数	2 バイト	-32,767 〜 32,767
unsigned int	16-bit 符号なし整数	2 バイト	0 〜 65,535
long	32-bit 整数	4 バイト	-2,147,483,647 〜 2,147,483,647
unsigned long	32-bit 符号なし整数	4 バイト	0 〜 4,294,967,295
float	単精度（32-bit）浮動小数点数	4 バイト	IEEE754 規格に従う
double	倍精度（64-bit）浮動小数点数	8 バイト	IEEE754 規格に従う
char	8-bit 整数	1 バイト	-127 〜 127 または 0 〜 255（どちらになるかは処理系に依存する）
bool	論理値	1 バイト	C99 では、stdbool.h で true = 1、false=0 と定義されている

図 2-1 **基本データ型**（JIS X 3010:2003）[1]

　図 2-1 で示すように、同じ整数や浮動小数点数を表すデータ型であっても、サイズによって異なるデータ型が用意されていることに注意しましょう。

　図 2-1 に示したのは、標準 C で保障された値の範囲です。処理系[2]によって、各データ型が表現できる値の範囲は異なります。多くの処理系では、この表よりも広い範囲の値を表現できます。たとえば多くの処理系では、int や unsigned（unsigned int）は 32-bit ですし、-32,768 〜 32,767 のように負の数のほうが表せる範囲が広くなっています。使用する処理系によって変わる各データ型の値の範囲は、図 2-2 に示すプログラムで調べることができます。図 2-3 に、Windows 10 上で MinGW の処理系を使ったときの結果を示します。

　日商プログラミング検定スタンダードレベルでは、9 つのデータ型をすべて覚える必要はありません。整数なら int、特別に大きな整数を使いたいときは long、小数点以下を扱いたいときは double と覚えておけば十分です。また C 言語では、char 型は整数として用います。つまり char 型のデータに対して算術演算を施すことも可能です。しかし char 型のデータに対して算術演算を実行することは、思わぬエラーを引き起こすことがありますので、これも文字として覚えて、他の用途には用いないほうがよいでしょう。

1: サイズと値の範囲は開発環境によって異なります。

2: 処理系とはコンパイラと実行時環境をいいます。

```
1   /*  基本型の最小値と最大値を表示するプログラム  */
2   #include <stdio.h>
3   #include <limits.h>
4   #include <float.h>
5
6   int main () {
7       printf(" この処理系で ");
8       printf("¥n");
9       printf("char 型の最小値は ％d です。¥n", CHAR_MIN);
10      printf("char 型の最大値は ％d です。¥n", CHAR_MAX);
11      printf("¥n");
12      printf("int 型の最小値は ％d です。¥n", INT_MIN);
13      printf("int 型の最大値は ％d です。¥n", INT_MAX);
14      printf("¥n");
15      printf("long 型の最小値は ％ld です。¥n", LONG_MIN);
16      printf("long 型の最大値は ％ld です。¥n", LONG_MAX);
17      printf("¥n");
18      printf("float 型の最も細かい値は ％e です。¥n", FLT_MIN);
19      printf("float 型の最大値は ％e です。¥n", FLT_MAX);
20      printf("¥n");
21      printf("double 型の最も細かい値は ％e です。¥n", DBL_MIN);
22      printf("double 型の最大値は ％e です。¥n", DBL_MAX);
23      return 0;
24  }
```

図 2-2 整数と浮動小数点数で表すことのできる最小値（最細値）と最大値の表示（ファイル：limit.c）[3]

　このプログラムを実行すると、Windows 10 上で MinGW を使用した場合には、次のように表示されました。浮動小数点数の最小値は最大値の正負を逆転したものです。FLT_MIN と DBL_MIN は、最も細かい数（小数点以下に多くの 0 が並ぶ数）を表します。

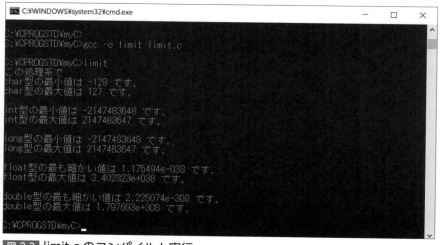

図 2-3 limit.c のコンパイルと実行

3: 「%d」、「%e」、「% ld」は書式指定子です。「第 8 章 いろいろな関数」で説明します。

変数宣言

データ型を指定して変数を用意するためには、**宣言**（declaration）しなければなりません。変数の宣言は次のようにします。

```
<データ型> <変数名> ;
```

たとえば、変数 i を整数型（int 型）として宣言するためには次のように記述します。最後にセミコロン「;」が必要なので注意しましょう。

```
int i;
```

次のように複数の変数を同時に宣言することもできます。

```
<データ型> <変数名1>, <変数名2>, <変数名3>... ;
```

変数 i, j, k を一度に宣言したければ、次のように記述します。

```
int i, j, k ;
```

変数には、宣言すると同時に何らかの値を格納させることもできます。この最初に格納する値を**初期値**（initial value）といいます。初期値は、代入演算子を用いて指定することができます。

```
<データ型> <変数名> = <式>;
```

＜式＞は、値や計算式を示しています。たとえば次のように記述します。

```
int i = 1 + 2;
```

もし、宣言に初期値が示されなければ、各変数にどのような値が入っているかはわかりません。実行時環境や処理系によって異なります。

演算子

変数に値を格納するために、代入演算子（＝）を用いることを述べました。代入は、次のように記述します。

```
<変数名> = <式> ;
```

代入演算子の右辺の＜式＞は、定数値や変数、それ自身か、それらを演算子で組み合わせた計算方法を記述します。式を構成するためには、**二項演算子**（binary operator）である算術演算子の他、**単項演算子**（unary operator）や**三項演算子**（ternary operator）を用います。図 2-4 に演算子を示します。

演算子	優先順位
前置演算子	++式、－－式
後置演算子	式++、式－－
単項演算子	－－式、＋式、－式、～、！
乗算系演算子	*、/、%
加算系演算子	+、－
シフト演算子	<<、>>、>>>
関係演算子	<、>、<=、>=
等号演算子	==、!=
ビット積	&
排他的ビット和	^
ビット和		
論理積	&&
論理和	||
条件演算子	?、:
代入演算子	=、+=、－=、*=、/=、%=、&=、^=、|=、<<=、>>=

図 2-4 演算子と優先順位

　演算子には、加算や減算より乗算や除算を優先して計算するというような優先順位があります。図 2-4 の演算子は、上にいくほど優先度が高く、下にいくほど優先度が低いことを示しています。同じ優先順位をもつ演算子は、代入演算子を除いて、左から順に計算します。代入演算子だけは右から順に計算します。以下、各演算子について説明します。

代入演算子

　代入演算子のうち、前述の＝は、他の代入演算子と区別して**単純代入演算子**（simple assignment operator）といいます。単純代入演算子は、続けて記述することができます。

```
i = j = k = 1 + 2
```

　代入演算子は右から順に計算するので、括弧を付けて表現すると、次のようになります。

```
( i = ( j = ( k = ( 1 + 2 ) ) ) )
```

　このように、右から順に計算する演算子を**右結合**（right associative）といいます。

　代入演算子は、単純代入演算子の他に、格納先の変数を用いた計算結果によって、変数を更新するものもあります。たとえば、単純代入演算子を用いて、次のように記述する代入文を考えてみましょう。

```
i = i + 3
```

　変数 i の値と 3 を加算して、その結果で i を更新することを意味しています。変数を定数値の加算で更新する代入は、代入演算子 += を用いると、次のように変数 i を一度記述するだけで済みます。

```
i += 3
```

変数をその変数を用いた計算によって更新する代入演算子は、上記のように、計算の種類を表す演算子と＝を組み合わせた記号で表します。

算術演算子

　数学でよく使われる算術演算子 ＋、−、×、÷ は、記号 ＋、−、*、/ を用います。また、剰余算の演算子 % も用意されています（剰余とは除算の余りのことです）。算術演算子は、計算に用いる値が、入力として 2 つ必要なため、二項演算子といいます。二項演算子は、次のように記述します。

＜値 1＞ ＜演算子＞ ＜値 2＞

　演算子が計算のために用いる＜値 1＞、＜値 2＞のことを、演算子の**オペランド**（operand）といいます。図 2-5 に、二項演算子をまとめます。

演算子	説明
+	加算演算子（文字列の結合にも使われる）
−	減算演算子
*	乗算演算子
/	除算演算子
%	剰余算演算子[4]

図 2-5 **二項演算子**

　各演算子を用いて、計算を実行してみましょう。図 2-6 のプログラムを、ファイル「arithmetic_operator.c」として作成し、図 2-7 のように、コンパイルし実行してみましょう。

```c
1    /*  二項演算子を用いた計算のプログラム  */
2    #include <stdio.h>
3
4    int main () {
5        int result = 1 + 2;
6        printf("\n");
7        printf("1 + 2 = %d\n", result);
8
9        result = 2 - 1;
10       printf("2 - 1 = %d\n", result);
11
12       result = 2 * 3;
13       printf("2 * 3 = %d\n", result);
14
15       result = 5 / 2;
16       printf("5 / 2 = %d\n", result);
17
```

4:　5 ÷ 3＝1 余り 2 となりますが、このとき、商は「1」、剰余は「2」となります。

```
18        result = 5 % 2;
19        printf("5 %% 2 = %d¥n", result);
20        return 0;
21    }
```

図 2-6 二項演算子を用いた計算（ファイル：arithmetic_operator.c）

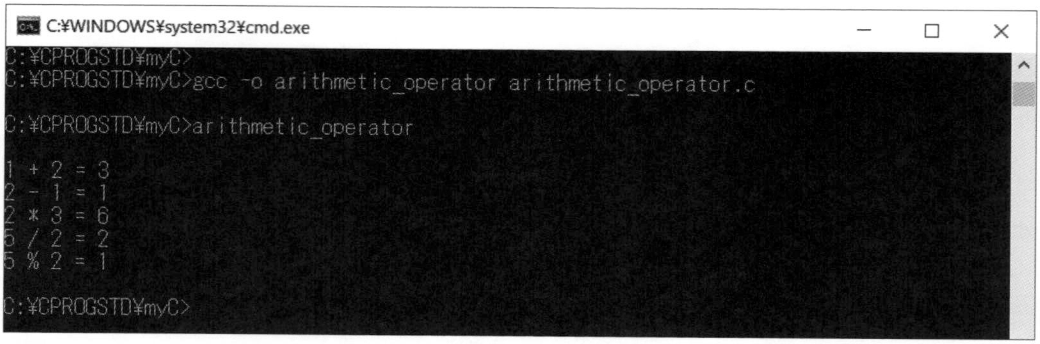

図 2-7 arithmetic_operator.c のコンパイルと実行

／による整数どうしの除算の結果は、商（小数点以下切り捨て）になることに注意してください。

このプログラムでは、printf 関数の新しい形式を使用しています。今までの printf 関数は、`printf("Hello World¥n")` のように二重引用符で囲んだ文字リテラルが引数として与えられて、その引数の内容を表示するだけでした。ここでは、次のように変数の値を表示する方法を使用しています。

```
printf("文字リテラル%d 文字リテラル", 式);
```

このプログラムでは、引数が 2 つ与えられています。第 2 引数の「式」は 1 つの整数型の変数 result で表されています。変数はそれ自身で 1 つの式なので、このように記述できるのです。そして指定した変数 result の中の値によって文字リテラル中の %d が置き換わって出力されます。図 2-2、図 2-6 で出てきた %d は、書式指定子とよばれるもので、第 2 引数で与える値を、どのように表示するかを指定します。この %d は整数を表す書式指定子です。% 記号の後に、型を示す記号を記します。d は整数型を示します。したがって置き換える変数の型は整数でなければなりません。書式指定子については、「第 8 章 いろいろな関数」で説明します。図 2-6 のプログラムと図 2-7 の出力結果を見較べてよく理解してください。

単項演算子

オペランドが 1 つだけの演算子を、単項演算子といいます。単項演算子には、図 2-8 に示すように、値が正であることを明示する単項プラス演算子（+）、値の符号を反転する単項マイナス演算子（−）、値を 1 増やすインクリメント演算子（++）や 1 減らすデクリメント演算子（−−）、および論理値を反転させる論理否定演算子（!）があります。

演算子	説明
+	単項プラス演算子。正の値であることを示す（数値は、この演算子なしで正である）。
−	単項マイナス演算子。式の符号を反転する。
++	インクリメント演算子。値を 1 増加させる。
− −	デクリメント演算子。値を 1 減少させる。
!	論理否定演算子。論理値を反転させる。

図 2-8 単項演算子

　図 2-9 に、単項演算子による計算するプログラムを示します。unary_operator.c ファイルとしてプログラムを作成すると、図 2-10 に示すコンパイルと実行によって、結果が得られます。

```
1   /* 単項演算子を用いた計算のプログラム */
2   #include <stdio.h>
3
4   int main () {
5       int result = +1;
6       printf("% d¥n", result);
7
8       result--;
9       printf("% d¥n", result);
10
11      result++;
12      printf("% d¥n", result);
13
14      result = -result;
15      printf("% d¥n", result);
16
17      return 0;
18  }
```

図 2-9 単項演算子を用いた計算（ファイル：unary_operator.c）

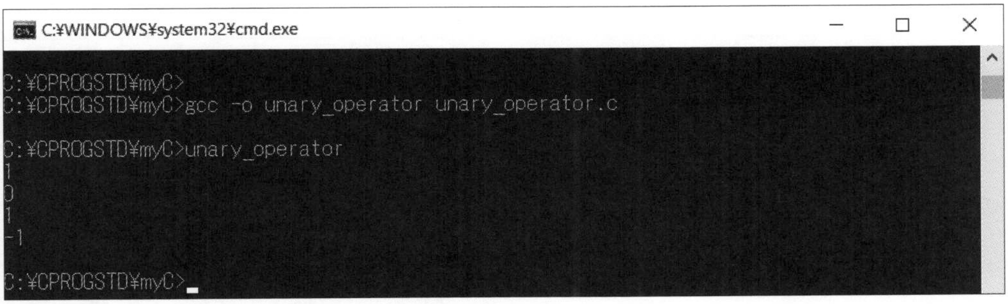

図 2-10 unary_operator.c のコンパイルと実行

　インクリメント / デクリメント演算子は、オペランドの前（前置）あるいは後ろ（後置）で適用することができます。たとえば、インクリメントの前置の ++result と後置の result++ は、いずれも変数 result の値を 1 増加します。2 つの違いは、前置が、元の result の値から 1 増加した値を与えるのに対して、後置は、元の result の値と同じであるということです。たとえば、図 2-11 のプログラム pre_post.c を、コンパイル後実行すると、図 2-12 に示すように、++i によって、i の初期値

3 から 1 増加した値 4 を表示し、その後 i++ によって同じ 4 を表示します。そのときインクリメントにより 1 増加しているので、最終的な i の値が 5 になっていることも確認してください。

```
1   /* インクリメント演算子の前置と後置の効果 */
2   #include <stdio.h>
3
4   int main () {
5       int i = 3;
6       printf("% d¥n", i);
7
8       printf("% d¥n", ++i);
9
10      printf("% d¥n", i++);
11
12      printf("% d¥n", i);
13
14      return 0;
15  }
```

図 2-11 インクリメント演算子の前置と後置（ファイル：pre_post.c）

図 2-12 pre_post.c のコンパイルと実行

 関係演算子と論理演算子

　関係演算子は、2 つのオペランドの大小関係を真か偽かの**論理値**（logical value）で与える演算子です。C99 では、標準ヘッダ `<stdbool.h>` に bool 型として true と false が定義されています。従来の C 言語では、0 が偽を表し 0 以外が真を表します。C99 以前のコンパイラを用いるのであれば、プログラム中で、次のようにマクロで TRUE と FALSE を定義しておくとプログラムが見やすくなります。

```
#define TRUE 1
#define FALSE 0
```

　各関係演算子は、次のような関係を表しています。

関係演算子	意味
＜値 1 ＞ == ＜値 2 ＞	値 1 と値 2 が等しい。
＜値 1 ＞ != ＜値 1 ＞	値 1 と値 2 が等しくない。
＜値 1 ＞ ＞ ＜値 1 ＞	値 1 は値 2 より大きい。
＜値 1 ＞ ＞= ＜値 1 ＞	値 1 は値 2 以上である。
＜値 1 ＞ ＜ ＜値 1 ＞	値 1 は値 2 より小さい。
＜値 1 ＞ ＜= ＜値 1 ＞	値 1 は値 2 以下である。

図 2-13 は、1 と 2 の関係演算の計算を表しています。図 2-14 に示すように、コンパイル後実行すると、正しい結果が得られることがわかります。プログラムのはじめに、#define コマンド（マクロ定義と総称します）で、TRUE と FALSE を定義していることにも注目してください。

```c
/* 関係演算子の計算 */
#include <stdio.h>
#define TRUE  1
#define FALSE 0

int main () {
    int v1 = 1;
    int v2 = 2;

    printf("% d¥n", v1 == v2);

    printf("% d¥n", v1 != v2);

    printf("% d¥n", v1 > v2);

    printf("% d¥n", v1 < v2);

    printf("% d¥n", v1 <= v2);

    return 0;
}
```

図 2-13 関係演算子を用いた計算（ファイル：relational_operator.c）

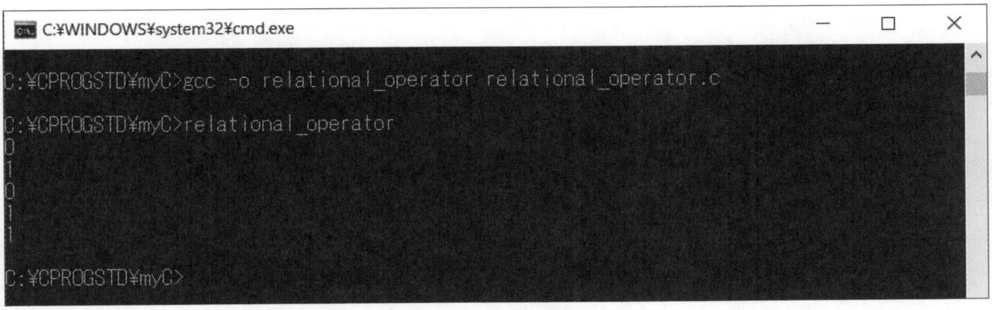

図 2-14 relational_operator.c のコンパイルと実行

関係演算子は二項演算子ですので「1 ＜ x ＜ 10」のような条件式を記述しても、「(1 ＜ x) ＜ 10」

のように計算されて、意図通りの結果が得られません。ここで、2番目の「<」の左のオペランドが論理値になっていることに注意しましょう。関係演算子を複数含む条件式を記述するためには、次の論理演算子を用います。

- && 論理積
- || 論理和

論理演算子は、論理値をオペランドとしてとる二項演算子です。論理積 && は「かつ」を表し、論理和 || は「あるいは」を表します。論理演算子を用いて、前述の条件式を表すと、次のようになります。

```
1 < x && x < 10
```

図 2-15 は、論理演算子の計算を表しています。図 2-16 に示すように、コンパイルし実行すると、正しく実行します。

```
1    /* 関係演算子の計算 */
2    #include <stdio.h>
3    #define TRUE  1
4    #define FALSE 0
5
6    int main () {
7        int v1 = 1;
8        int v2 = 2;
9
10       printf("% d¥n", v1 == 1 && v2 == 2);
11
12       printf("% d¥n", v1 == 1 || v2 == 1);
13
14       return 0;
15   }
```

図 2-15 論理演算子の計算（ファイル：logical_operator.c）

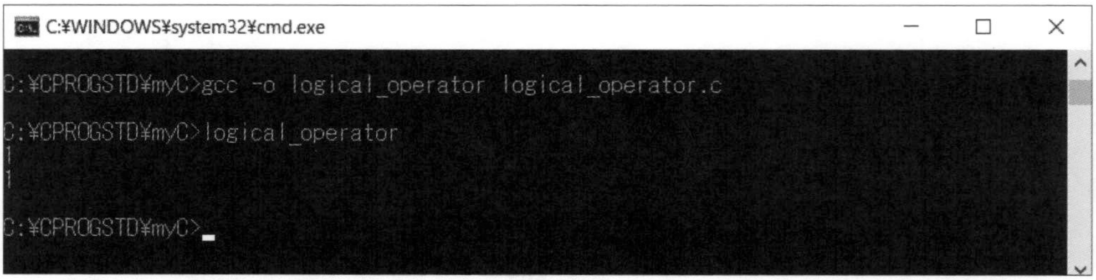

図 2-16 logical_operator.c コンパイルと実行

　ここで、＜値 1＞ && ＜値 2＞ は、＜値 1＞ の結果が偽の場合、＜値 2＞ の計算はしません。また、＜値 1＞ || ＜値 2＞ は、＜値 1＞ の結果が真の場合、＜値 2＞ の計算はしません。このような計算の仕方を**短絡評価**（short circuit evaluation）といいます。短絡評価は、論理演算子の計算結果に影

響しませんが、＜値 2＞の計算が必要な場合があるかもしれません。その場合には、&& あるいは ||
の代わりに、& あるいは | を用います。

　なお、文字列の比較に「==」を用いることはできません。たとえば、文字列 1 と文字列 2 の一致
性を知りたい場合、strcmp(＜文字列 1＞，＜文字列 2＞) とします。この方法については、「第 6 章
　文字列と一次元配列」で説明します。

その他の演算子

　ここでは、これまで説明してきたもの以外のさまざまな演算子を紹介します。用いると便利だった
り実行効率がよくなったりするものもありますので、ここで紹介しておきます。

1　条件演算子

　最初は、条件演算子「?」です。論理値をオペランドとするその他の演算子に、条件演算子という
ものがあります。条件演算子は、次のようにオペランドを 3 つとる三項演算子です。

＜値 1＞ ? ＜値 2＞ : ＜値 3＞

　条件演算子は、＜値 1＞の計算結果が 0 以外のとき＜値 2＞が計算結果になり、0 のとき＜値
3＞が計算結果になります。

2　ビット演算子

　整数値の中の各ビットに対して直接演算を行うこともできます。そのような演算子にビット演算子
とシフト演算子があります。

　ビット演算とは、汎整数型（char 型、short 型、int 型、long 型）（integral type）の値を表して
いる各ビットごとの計算です。ビット演算では、次のような演算子を用いることができます。

ビット演算子	意味
＜値 1＞ & ＜値 2＞	ビット積
＜値 1＞	＜値 2＞	ビット和
＜値 1＞ ^ ＜値 2＞	排他的ビット和
～＜値＞	ビット否定

　二項演算子である &、|、^ の各ビットに対する振舞いは、図 2-17 に示すとおりです。なお、ビッ
ト否定（˜）は、0 を 1 に、1 を 0 にします。

＜値 1＞	＜値 2＞	&	|	^
0	0	0	0	0
0	1	0	1	1
1	0	0	1	1
1	1	1	1	0

図 2-17 「&」、「|」、「^」の振舞い

シフト演算子は、ビットパターンを指定した数だけ決まった方向にスライドさせる演算子です[5]。このビットパターンのスライドのことを**シフト**（shift）といいます。シフト演算子は、符号無し整数か、非負な符号付き整数について定められています。負の整数にシフト演算を行った結果は、処理系に依存するため、負の符号付き整数については、使用しないほうがよいでしょう。

シフト演算子	意味
＜値1＞ ＜＜ ＜値2＞ 左シフト	＜値1＞のビットパターンを＜値2＞だけ左にシフトする。シフトによって空いたビットは0で埋める。
＜値1＞ ＞＞ ＜値2＞ 右シフト	＜値1＞のビットパターンを＜値2＞だけ右にシフトする。シフトによって空いたビットは0で埋める。

式と文とブロック

これまで詳しく述べてこなかった**式**（expression）や**文**（statement）という単位と、より大きな単位である**ブロック**（block）について整理しておきましょう。

1 式

式は、変数、演算子、関数呼び出しを、構文に基づいて組み合わせたもので、計算の結果、1つの値を生成します。式が値を生成することは、値を「返す」という場合もあります。前述のプログラムから例を挙げれば、次の太字の部分が式にあたります。

```
int result = 1 + 2 ;
printf("1 + 2 = ％d¥n", result) ;
```

式が返す値のデータ型は、その式が含む要素のデータ型によって決まります。たとえば、`result = 1+2`は、整数型（int型）の値を返します。なぜなら、代入演算子は、＝の左辺の型の値を返すからです。

式は、小さい式を使って、大きい複雑な式へと、データ型が合うように合成することができます。複数の演算子を含む合成された式は、優先順位の高い演算子から順に計算されます。たとえば、1 + 2 * 3は、1 + （2 * 3）のように計算されます。一方、1 + 2 − 3のように、同じ優先順位の演算子は、結合規則によって計算順序が決まります。＋演算子は、左結合なので、（1 + 2）− 3のように計算します。同様に、x = y = 1は、＝が右結合なので、x = （y = 1）のように計算します。

5: 2進数で表した数値のケタを左または右に、指定された数だけずらします。2進数は、各桁が2のべき乗の重みをもっているため、1ビット左にシフトすると、オーバーフローしない限り、値は2倍になります。同様に、1ビット右にシフトすると、値は2分の1になります。例えば「5<<1」の場合、5は2進数で「101」です。これを1ケタ左にずらすと「1010」となり、10進数では10になります。

2 文

プログラミング言語の構文の中で、実行が完結する単位を文といいます。次の式は、最後に「;」を付けることによって文になります。

- 代入演算子を含む式。以下、代入式という。
  例：`result = 1 + 2 ;`
- 「++」や「--」を用いるもの
  例：`result++ ;`
- 関数呼び出し
  例：`printf("Hello World!") ;`

これらを**式文**（expression statement）といいます。

文には、他に、文の実行順序を制御する**制御フロー文**（control flow statement）があります。制御フロー文については、第 3 章で紹介します。

3 ブロック

0 個かそれ以上の文を「{」と「}」で囲んでグループにしたものを**ブロック**（block）といいます。ブロックは、文を記述できる任意の位置に文の代わりに記述することができます。

例題 2-1 フルーツの購入

りんご（200 円）400 個と、なし（150 円）450 個を購入したときの合計金額を計算せよ。

〔プログラム〕

本プログラムでは、金額を扱うので、変数はすべて整数型としています。

```
1   /* フルーツの購入金額の計算 */
2   #include <stdio.h>
3
4   int main (void) {
5       int priceAp = 200;
6       int pricePe = 150;
7       int ap = 400;
8       int pe = 450;
9
10      printf(" りんご：％ d 個￥n", ap);
11      printf(" なし　：％ d 個￥n", pe);
12      printf(" りんご合計：％ d 円￥n", (priceAp * ap));
13      printf(" なし合計　：％ d 円￥n", (pricePe * pe));
14
15      return 0;
16  }
```

りんご、なしのそれぞれの価格を、変数「priceAp」、「pricePe」に格納し、それぞれの個数を、

変数「ap」、「pe」に格納しています。これらの変数を用いて、おのおのの単価×数量を計算し、表示しています。

　また、りんごとなしの合計を出力している printf 文に注目してください。それぞれの printf 関数の引数の中の書式指定子 %d が、priceAp * ap と pricePe * pe という式の値で置き換えられています。

〔実行結果〕

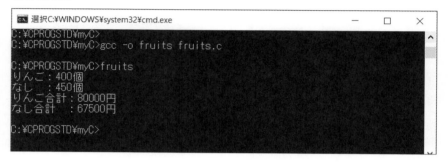

例題 2-2 速度と所要時間

　東京駅から名古屋駅、京都駅、大阪駅の距離が次の表で示され、新幹線（278km/ 時）、電車（140km/ 時）、車（80km/ 時）、徒歩（4km/ 時）の速さ（時速）が示されているとき、おのおのの所要時間を求めよ。

〔距離の表〕

	東京駅	名古屋駅	京都駅	大阪駅
距離（km）	0	366	513.6	552.6
新幹線（278km/ 時）	0			
電車（140km/ 時）	0			
車（80km/ 時）	0			
徒歩（4km/ 時）	0			

〔プログラム〕

```
1    /* 所要時間の計算 */
2    #include <stdio.h>
3
4    int main (void) {
5        double speed;
6        double nagoya = 366.0;
7        double kyoto  = 513.6;
8        double osaka  = 552.6;
9
```

```
10      speed = 278;
11      printf(" 新幹線 (％ f km/ 時 )：\n", speed);
12      printf("   名古屋：％ f  時間 \n", (nagoya / speed));
13      printf("   京都  ：％ f  時間 \n", (kyoto / speed));
14      printf("   大阪  ：％ f  時間 \n", (osaka / speed));
15      speed = 140;
16      printf(" 電車 (％ f km/ 時 )：\n", speed);
17      printf("   名古屋：％ f  時間 \n", (nagoya / speed));
18      printf("   京都  ：％ f  時間 \n", (kyoto / speed));
19      printf("   大阪  ：％ f  時間 \n", (osaka / speed));
20      speed = 80;
21      printf(" 車 (％ f km/ 時 )：\n", speed);
22      printf("   名古屋：％ f  時間 \n", (nagoya / speed));
23      printf("   京都  ：％ f  時間 \n", (kyoto / speed));
24      printf("   大阪  ：％ f  時間 \n", (osaka / speed));
24      speed = 4;
25      printf(" 徒歩 (％ f km/ 時 )：\n", speed);
26      printf("   名古屋：％ f  時間 \n", (nagoya / speed));
27      printf("   京都  ：％ f  時間 \n", (kyoto / speed));
28      printf("   大阪  ：％ f  時間 \n", (osaka / speed));
29
30      return 0;
31  }
```

〔実行結果〕

実行すると、次のようになります。このプログラムの printf 文では，実数の演算結果を表示するのに書式指定子 %f を使用しています。

例題 2-3 ジュースの運搬

大量のジュースの運搬を考える。1 ケースにはジュースを 12 本入れることができ、30 ケースを

1台のトラックで運ぶことができる。全体のジュースの本数（361本）を入力し、何ケース必要で、ジュース全体を運搬するために何台のトラックが必要かを計算せよ。ただし、最低1台のトラックが必要で、1本でも既定の本数を超えた場合は追加でトラックが必要とする。

　たとえば、ジュースが12本であれば1ケース必要でトラックも1台必要となります。ジュースが360本であれば30ケース必要で、トラックも1台で済みますが、ジュースが361本の場合は、31ケース必要で、トラックも2台必要となります。

〔プログラム〕

```
1   /* ケース数とトラック数の計算 */
2   #include <stdio.h>
3
4   int main (void) {
5       int juice = 361;
6       int box = (juice - 1) / 12 + 1;
7       int extra_juice  = juice % 12;
8       int track  = (box - 1) / 30 + 1;
9       int extra_box  = box % 30;
10
11      printf("ジュース：％d 本¥n", juice);
12      printf("ケース  ：％d 箱¥n", box);
13      printf("  (％d 本だけのケースあり) ¥n", extra_juice);
14      printf("トラック：％d 台¥n", track);
15      printf("  (％d 箱だけのトラックあり) ¥n", extra_box);
16
17      return 0;
18  }
```

〔実行結果〕

　各変数は、整数型で宣言します。変数「juice」をジュースの本数として、361本を指定しています。整数演算において商と余りを求める演算子 /、％ を用いて計算します。

練習問題

2-1

　ある金額を支払うことを考える。一万円、五千円、千円（以上紙幣）、500 円、100 円、50 円、10 円、5 円、1 円（以上硬貨）について、最も枚数（紙幣）、個数（硬貨）が少ない支払いとなる方法で、おのおの枚数、個数を求めよ。

2-2

　ある秒数について、何時間、何分、何秒にあたるか計算せよ。

2-3

　ある半径 r の円の円周、円の面積、球の表面積、球の体積を計算せよ。π は 3.14 としてよい。

第 3 章

プログラムの構造（分岐）

　プログラム中の文は、基本的に先頭から順に実行します。また、これまでに紹介したプログラムは、命令を一つ一つ順番に実行する**順次**（sequence）という処理でした。この実行の流れを**制御フロー**（control flow）といいます。プログラミングの際には、他に**分岐**（branch）と**繰返し**（iteration）を加えた 3 つの基本構造によって処理を記述することで見通しのよいプログラムになることが知られています。

　これは、エドガー・ダイクストラによって提唱された構造化プログラミングのことで、プログラムの正当性を証明する論文の中で 3 つの基本構造によってプログラムは構成できるとされています[1]。3 つの基本構造は、プログラムの設計図にあたるアルゴリズムを示す際にも中心となる概念です。
　本章から、制御フロー文として分岐文、繰返し文を紹介します。本章では、条件分岐文、無条件分岐文を紹介し、次章で繰返し文を紹介します。

アルゴリズムとは

　「アルゴリズム」とは、問題を解決するための**処理**（手続き、procedure）を形式的に表したもので、一般には、**流れ図**（flow chart）を用いて示します。本書では、JIS X 0121:1986 で定義した流れ図記号を用います。以下に流れ図記号と 3 つの基本構造（図 3-2、3-3、3-4）を示します。

端子		外部環境への出口、または外部環境からの入り口を表す。
処理		任意の種類の処理機能を表す。

1:　E.W.Dijkstra, "Go To Statement Considered Harmful", CACM, 1968. の論文が構造化プログラミングの提唱につながりました。3 つの基本構造についてはさまざまな訳語があります（逐次、選択、反復など）が、本書では、順次、分岐、繰返しという語を用います。

判断	一つの入り口といくつかの択一的な出口を持ち記号中に定義された条件の評価に従って唯一の出口を選ぶ判断機能またはスイッチ形の機能を表す。	
定義済み処理	サブルーチンやモジュール等別の場所で定義された一つ以上の演算または命令群からなる処理を表す。	
手入力作業	手で入力して情報を操作するあらゆる種類の媒体とのデータを表す。	
表示	人が利用する情報を表示するあらゆる種類の媒体上のデータを表示する。	
線	データ又は制御の流れを表す。	
ループ始端	2つの部分からなり、繰返しの始まりを表す。	
ループ終端	2つの部分からなり、繰返しの終わりを表す。	
データ	媒体を指定しないデータを示す。	
記憶データ	処理に適した形で記憶されているデータを表す。媒体は指定しない。	
注釈	明確にするために、説明または注を付加するのに用いる。	
結合子	同じ流れ図中の他の部分への出口、又は他の部分からの入り口を表したり、線を中断し他の場所へ続けたりするのに用いる。	
破線	2つ以上の記号の間の択一的な関係を表す。	

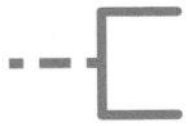

図 3-1 JIS X 0121:1986 で定義する主な流れ図記号

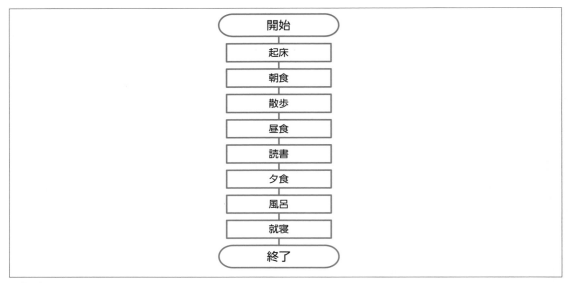

図 3-2 順次の例（朝起きてからの行動スケジュール）

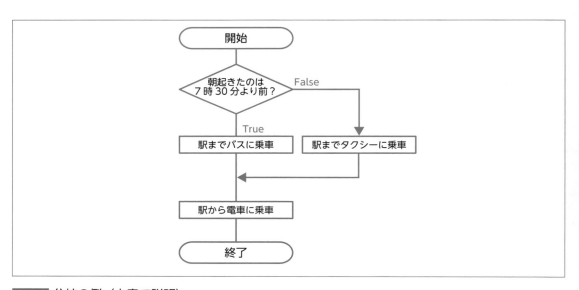

図 3-3 分岐の例（本章で説明）

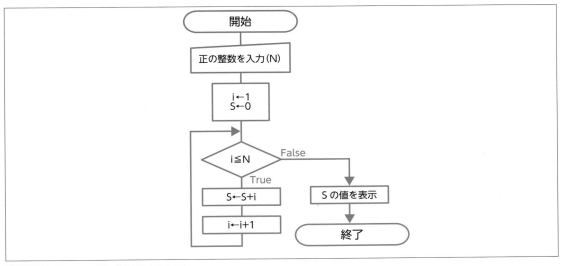

図 3-4 繰返しの例（次章で説明）

順次とは

　アルゴリズムは、コンピュータの処理だけでなく、日常生活の行動スケジュールや、料理のレシピなどの「手順」も表すことができます。たとえば、朝起きてから就寝までの流れを示したアルゴリズムが図 3-2 になります。これを**順次**（sequence）といいます。

分岐とは

　日常生活で通勤する際に、「朝の起床時間」によって判断して、「バスに乗車し」家から駅まで行く場合と、「タクシーに乗車し」家から駅まで行く場合があり、いずれにしても駅に着いた後は「電車に乗り」会社に向かうものとします。以上の流れを示すと図 3-3 になります。この例のように条件判断によって、異なる処理をする構造を**分岐**（branch）といいます。条件判断のもととなる値は論理値で示し「true」（真）、「false」（偽）によって異なる処理（分岐）を実行します。無条件に分岐する文もあります。プログラミングにおいて分岐はさまざまな場面で用います。

条件分岐文

〔if 文〕
　if 文は、最も基本的な制御フロー文です。関係演算子と論理演算子からなる**条件式**（conditional expression）を用いて、次のように記述します。

```
if ( ＜条件式＞ ) ＜文＞
```

　＜文＞は、＜条件式＞が true を返すときだけ実行します。たとえば、図 3-5 に示す if 文では、条件式「x > 0」が true になるので、図 3-6 に示すように "x>0 は真 " を表示します。仮に条件式

が false になったとすると、if 文の終わりに実行が移ることになります。

```
1   /* 条件分岐 (1) */
2   #include <stdio.h>
3
4   int main (void) {
5       int x = 1;
6
7       if (x > 0) {
8           printf("x>0 は真 ¥n");
9       }
10
11      return 0;
12  }
```

図 3-5 if 文の例（ファイル：if_stmt.c）

図 3-6 if_stmt.c のコンパイルと実行

　この例では、if 文に含まれる文としてブロックを記述していますが、ブロック内には、printf("x>0 は真"); の 1 文しかないので、「{」と「}」を取り除くことができます。

〔if-else 文〕
　if-else 文は、<条件式>が false になるときに実行するもう 1 つの実行経路をもつ制御フロー文です。次のように記述します。

```
if ( <条件式> ) <文1> else <文2>
```

　<文 1>は if 文と同様に、<条件式>が true を返すときに実行します。一方、<文 2>は、<条件式>が false を返すときに実行します。

```
1   /* 条件分岐 (2) */
2   #include <stdio.h>
3
4   int main (void) {
5       int x = 0;
6
7       if ( x > 0) {
8           printf("x>0 は真 ¥n");
```

```
 9          } else {
10              printf("x>0 は偽 ¥n");
11          }
12
13          return 0;
14  }
```

図 3-7 if-else 文の例（ファイル：if_else_stmt.c）

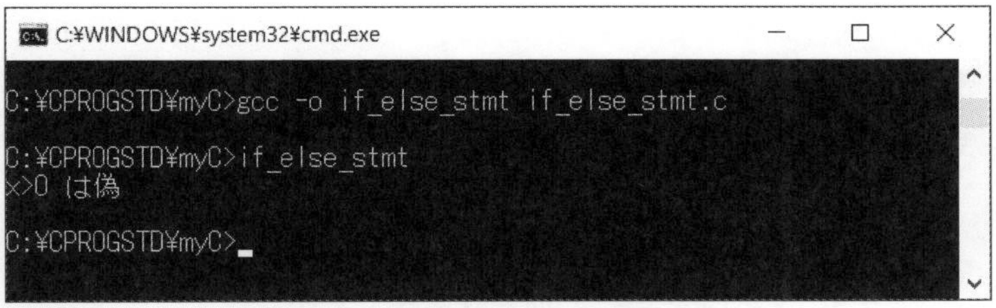

図 3-8 if_else_stmt.c のコンパイルと実行

　図 3-5 に else を加えて if-else 文にしたものを図 3-7 に示します。x = 0; として、＜条件文＞
が false になるようにすると、図 3-8 のように else の後の文を実行することがわかります。

　if-else 文は、それ自身が文なので、別の if-else 文の中に入れ子状に記述することができます。た
とえば、図 3-9 は、点数を格納している整数型の変数 score によって、4 段階の評価を表示するプ
ログラムです。実行の様子は図 3-10 です。

```
 1   /* 条件分岐 (3) */
 2   #include <stdio.h>
 3
 4   int main (void) {
 5       int score = 70;
 6
 7       if ( score >= 80) {
 8           printf("A¥n");
 9       } else if ( score >= 70) {
10           printf("B¥n");
11       } else if ( score >= 60) {
12           printf("C¥n");
13       } else {
14           printf("D¥n");
15       }
16
17       return 0;
18  }
```

図 3-9 if-else 文の入れ子の例（ファイル：nested_if_else_stmt.c）

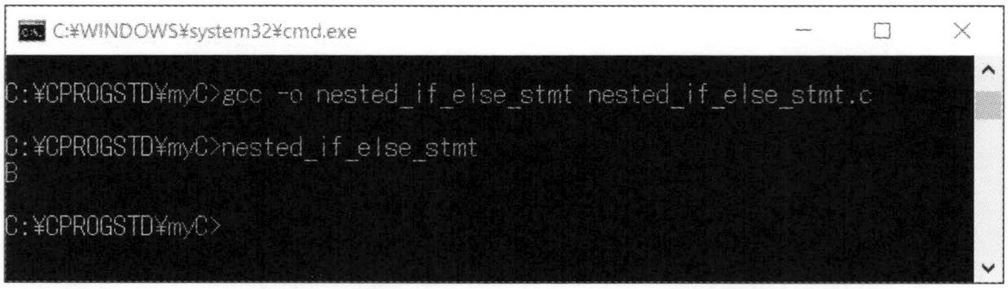

図 3-10 nested_if_else_stmt.c のコンパイルと実行

ここで、`score = 70` に対して、複数の条件式 score >= 70 と score >= 60 が満たされるにも関わらず、表示されるのが B だけであることに注意しましょう。if-else 文の入れ子では、条件式が最初に true になる文を実行して、残りは実行しません。

〔switch 文〕

switch 文は、if 文や if-else 文とは違って、3 つ以上の実行経路を持つことができます。switch 文は、次のように、「switch」の後にくる「＜式＞」と、本体である＜switch ブロック＞からなります。

```
switch ( ＜式＞ ) {
    case ＜定数式 1＞ : ＜文 1＞
    case ＜定数式 2＞ : ＜文 2＞
                ⋮
    case ＜定数式 n＞ : ＜文 n＞
    default : ＜文 '＞
}
```

switch ブロック中の各文は、1 つ以上の `case ＜定数式＞:` あるいは `default:` によってラベル付けされています。

switch 文は、まず ＜式＞ の計算をし、その結果と一致する結果をもつ ＜定数式＞ に続くすべての文を実行します。ここで、**定数式**（constant expression）とは、コンパイル時に計算できる式を意味しています。`default:` に続く ＜文 '＞ は、いずれの ＜定数式＞ の結果にも一致しなかった場合に実行します。`default : ＜文 '＞` は、省略しても構いません。

```
1   /* 条件分岐 (4) */
2   #include <stdio.h>
3   #include <string.h>
4
5   int main (void) {
6       int date = 8;
7       int first_Sun = 2;
8       char day[12];
9
10      switch ( (date + 7 - first_Sun) % 7 ) {
11        case 0: strcpy(day,"Sun"); break;
12        case 1: strcpy(day,"Mon"); break;
13        case 2: strcpy(day,"Tues"); break;
```

```
14      case 3: strcpy(day,"Wednes"); break;
15      case 4: strcpy(day,"Thurs"); break;
16      case 5: strcpy(day,"Fri"); break;
17      case 6: strcpy(day,"Satur"); break;
18      default:strcpy(day,"No such");
19    }
20    strcat(day, "day");
21    printf("%s", day);
22
23    return 0;
24  }
```
図 3-11 switch 文の例（ファイル：switch_stmt.c）

　図 3-11 は、日にち（変数「date」に代入）からその曜日（変数「day」に代入）を求めるプログラムです。その日にちが何月かによって、その月の最初の日曜日の日にち（変数「first_Sun」に代入）を与えるようにしてあります。日曜日から土曜日までの各曜日は、0 から 6 までに対応させ、case の＜定数式＞として指定してあります。曜日の計算は、「date」から「first_Sun」を引くことによって、日にちを日曜日から始まるようにそろえ、7 の剰余を計算しています。マイナスにならないように、最初に 7 を足していることに注目してください。

　8 行目の char day[12]; の宣言に注目してください。このプログラムでは文字列を扱うのですが、C 言語では文字列は文字の配列として定義しなければならないので、このような宣言になっています。ここでは、day という名前で 12 バイトの長さを文字列の領域として確保しています（文字として使えるのは 11 個です）。文字列の処理については、「第 6 章　文字列と一次元配列」で説明します。

　switch 文の中 11 行目から 18 行目で、文字列リテラル "Sun" から "No such" を文字列変数 day に、関数 strcpy を使って代入しています。strcpy は、文字列をコピーする関数で、s と t が文字列を表す配列の名前のとき strcpy(t, s) とすると、s で表される文字列が t で表される文字列へと代入されます。また、20 行目では、文字列変数 day の値に文字列リテラル "day" を、関数 strcat を使って追加しています。strcat は、文字列を連結する関数で、strcat(t, s) とすると、s の後に t の文字列が連結されます。これらの関数を用いるために、標準ヘッダ <string.h> をインクルードしていることに注目してください。strcpy と strcat については、「第 6 章　文字列と一次元配列」で説明します。

　21 行目の printf 関数では、書式指定子 %s を用いています。前に見たように書式指定子とは、第 2 引数で与える値を、どのように表示するかを指定するものでした。% 記号の後の s は、文字列を示しています。書式指定子については、「第 8 章　いろいろな関数」の中の printf 関数で説明します。

第

3

章

プログラムの構造（分岐）

047

図 3-12 switch_stmt.c のコンパイルと実行

　図 3-11 では、2018 年 9 月 8 日の曜日を計算するために、date = 8、first_Sun = 2 としています。結果は、図 3-12 に示すように、正しく Saturday と表示されます。

　ここで、プログラム中の各文が、break 文 `break;` で終わっていることに注目してください。break 文については、第 4 章で説明しますが、switch 文を終了することを示しています。もし、一致した case の文に break 文がなければ、以降の case の文が、定数式の結果に関わらず、break 文に出会うまで実行することになります。試しに、図 3-11 から、すべての break; を取り除いてみると、実行結果は、図 3-13 のようになります。

図 3-13 break なしの switch_stmt.c（switch_no_break.c）のコンパイルと実行

　case 6 : を実行した後、そのまま default 文まで実行され、文字列型変数 day が No such で上書きされていることがわかります。

　switch に続く＜式＞の型と case の＜定数式＞の型は、一致していなければなりません。なお、図 3-11 では、整数型（int 型）の例を示しましたが、「char 型」でも実行できます。

例題 3-1 絶対値

　絶対値を求めるプログラムを作成せよ。絶対値は以下で定義するものとする。変数の型は整数型とする。

　ここで、入力には、scanf 関数を使用します。入力関数 scanf を使って「scanf("%d", &b);」と記述すると、キーボードから入力した値が、引数 b に整数値として格納されます（「%d」は整数を表す書式指定子です。入力関数については、「第 6 章　文字列と一次元配列」で、書式指定子については、「第 8 章　いろいろな関数」で説明します）。

$$|a| = \begin{cases} a & (a \geqq 0) \\ -a & (a < 0) \end{cases}$$

〔アルゴリズム〕

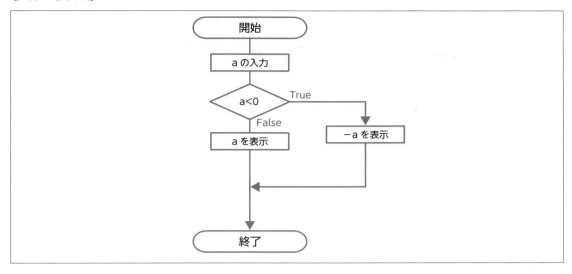

〔プログラム〕

```
1   /* 絶対値を計算するプログラム */
2   #include <stdio.h>
3
4   int main (void) {
5       int b;
6
7       printf(" 数値：");
8       scanf("%d", &b);
9       if ( b < 0 ) {
10          printf(" 絶対値：%d", (-b));
11      } else {
12          printf(" 絶対値：%d", b);
13      }
14
15      return 0;
16  }
```

　8 行目の scanf 文でキーボードから読み取った値を整数値として変数 b に代入しています。ここではキーボードからの入力値を検査していませんので、整数値でないものを入力すると、結果は保証されません（エラーとなるか無意味な値が代入されるかは処理系に依存します）。

　9 行目から 13 行目で if-else 文を用いています。＜条件式＞は、b<0 とし、変数の値が負の場合と非負（0 以上）の場合を判断しています。

　このプログラムを 3 回実行し、それぞれ −3、45、−123 と入力した結果、次のように表示されます。

〔実行結果〕

```
C:¥WINDOWS¥system32¥cmd.exe                                      —  □  ×

C:¥CPROGSTD¥myC>
C:¥CPROGSTD¥myC>
C:¥CPROGSTD¥myC>gcc -o absolute_value absolute_value.c

C:¥CPROGSTD¥myC>absolute_value
数値 : -3
絶対値 : 3
C:¥CPROGSTD¥myC>absolute_value
数値 : 45
絶対値 : 45
C:¥CPROGSTD¥myC>absolute_value
数値 : -123
絶対値 : 123
C:¥CPROGSTD¥myC>_
```

例題 3-2 最大値と最小値

東京の平均気温は次のとおりである。

東京の平均気温（℃）

	1月	2月	3月	4月	5月	6月	7月	8月	9月	10月	11月	12月
最高	10	10	13	19	23	26	30	31	27	22	17	12
最低	2	2	5	10	15	19	23	24	21	15	9	4

分岐文を用いて、各月の平均気温（最高）の最大値／最小値を求めよ[2]。

〔プログラム〕

```
1   /* 最大値と最小値の計算 */
2   #include <stdio.h>
3
4   int main (void) {
5       int jan_h=10, feb_h=10, mar_h=13, apr_h=19, may_h=23, jun_h=26;
6       int jul_h=30, aug_h=31, sep_h=27, oct_h=22, nov_h=17, dec_h=12;
7       int max = jan_h;
8       int min = jan_h;
9       if (feb_h > max) { max = feb_h; }
10      else if (feb_h < min ) { min = feb_h; }
11      if (mar_h > max) { max = mar_h; }
12      else if (mar_h < min ) { min = mar_h; }
13      if (apr_h > max) { max = apr_h; }
14      else if (apr_h < min ) { min = apr_h; }
15      if (may_h > max) { max = may_h; }
16      else if (may_h < min ) { min = may_h; }
17      if (jun_h > max) { max = jun_h; }
18      else if (jun_h < min ) { min = jun_h; }
19      if (jul_h > max) { max = jul_h; }
20      else if (jul_h < min ) { min = jul_h; }
```

2: 各月の平均気温（最低）の最大値／最小値は練習問題 3-2 で求めます。

```
21      if (aug_h > max) { max = aug_h; }
22      else if (aug_h < min ) { min = aug_h; }
23      if (sep_h > max) { max = sep_h; }
24      else if (sep_h < min ) { min = sep_h; }
25      if (oct_h > max) { max = oct_h; }
26      else if (oct_h < min ) { min = oct_h; }
27      if (nov_h > max) { max = nov_h; }
28      else if (nov_h < min ) { min = nov_h; }
29      if (dec_h > max) { max = dec_h; }
30      else if (dec_h < min ) { min = dec_h; }
31
32      printf("最大値：%d\n", max);
33      printf("最小値：%d\n", min);
34
35      return 0;
36  }
```

〔実行結果〕

```
C:\WINDOWS\system32\cmd.exe                          —    □    ×
C:\CPROGSTD\myC>
C:\CPROGSTD\myC>
C:\CPROGSTD\myC>gcc -o max_min max_min.c

C:\CPROGSTD\myC>max_min
最大値：31
最小値：10

C:\CPROGSTD\myC>
```

例題 **3-3 標準体重**

　身長と体重を入力し、標準体重、肥満度、BMI（肥満係数）を求めよ。BMI によってメッセージを切り替えよ。標準体重、肥満度、BMI の計算式は次のとおりである。

　　標準体重（kg）＝身長^2 × 22
　　肥満度＝（体重−標準体重）/ 標準体重
　　BMI ＝体重 / 身長^2

　身長の単位は、m（メートル）であり、cm（センチメートル）で入力した場合は、単位の調整が必要である。

　ここで、入力には、scanf 関数を使用する。入力関数 scanf を使って「scanf("%lf", &a);」と記述すると、引数 a に入力が倍精度浮動小数点数の値として格納される（「%lf」は倍精度浮動小数点数を表す書式指定子である。入力関数については、「第 6 章　文字列と一次元配列」で、書式指定子については、「第 8 章　いろいろな関数」で説明する）。

〔プログラム〕（ブロック if 文）

```
1    /* 標準体重の計算 */
2    #include <stdio.h>
3
4    int main (void) {
5        double height, weight, sw, ob, bmi;
6
7        printf(" 身長 (cm) : ");
8        scanf("% lf", &height);
9        printf(" 体重 (kg) : ");
10       scanf("% lf", &weight);
11       sw  = ((height * height) / 10000.0) * 22.0;
12       ob  = (weight - sw) / sw * 100;
13       bmi = (weight / (height * height)) * 10000;
14       printf(" 標準体重 : % f¥n", sw);
15       printf(" 肥満度   : % f¥n", ob);
16       printf("BMI      : % f¥n", bmi);
17       printf(" メッセージ : ");
18       if (bmi < 18.5) { printf("% s", " 低体重 "); }
19       else if (bmi < 25.0) { printf("% s", " 普通体重 "); }
20       else if (bmi < 30.0) { printf("% s", " 肥満度 1 "); }
21       else if (bmi < 35.0) { printf("% s", " 肥満度 2 "); }
22       else if (bmi < 40.0) { printf("% s", " 肥満度 3 "); }
23       else { printf("% s", " 肥満度 4 "); }
24
25       return 0;
26   }
```

18 行目から 23 行目まで、ブロック if 文を用いて BMI によって、メッセージを切り替えています。
8 行目と 10 行目の scanf 文でキーボードから読み取った値を倍精度浮動小数点数の値として、それ
ぞれ変数 height と weight に代入しています。

〔実行結果〕

身長に 171、体重に 93 を入力した場合と身長に 171、体重に 50 を入力した場合を表示しています。

例題 3-4 2 次方程式の解

2 次方程式 $ax^2 + bx + c = 0$ の解を解の公式を用いて求めよ。解の公式は次のとおりである。

$$x = \frac{-b \pm \sqrt{b^2 - 4ac}}{2a}$$

　判別式 $(D) = b^2 - 4ac$ を求めて、$D > 0$ の場合「2 つの解」、$D=0$ の場合「重解」、$D < 0$ の場合「虚数解」を表示せよ。

　平方根の計算には、sqrt(double 型) 関数を用いよ。この関数を用いるために、数学の関数ライブラリである標準ヘッダ math.h を、次のようにインクルードせよ。

```
#include <math.h>
```

〔アルゴリズム〕

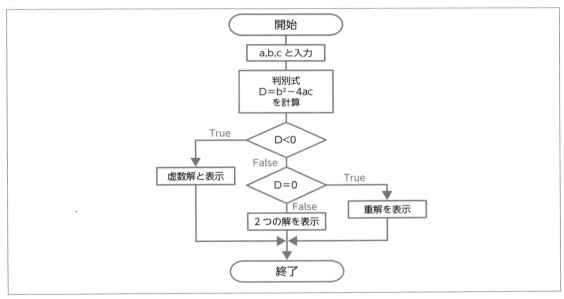

〔プログラム〕

```
1    /* 二次方程式の計算 */
2    #include <stdio.h>
3    #include <math.h>
4
5    int main (void) {
6        double a, b, c, d, x1, x2;
7
8        printf(" 二次方程式 ax^2 + bx + c = 0 の解を計算します。¥n");
9        printf("a b c と空白で区切って三つの数値を入力してください。¥n");
10       scanf("%lf%lf%lf", &a, &b, &c);
11
12       d = (b * b) - 4 * a * c;
13       if (d > 0) {
14           x1 = (-b + sqrt(d)) / (2 * a);
15           x2 = (-b - sqrt(d)) / (2 * a);
16           printf(" 解1: %lf¥n", x1);
17           printf(" 解2: %lf¥n", x2);
18       } else if (d == 0) {
19           x1 = (-b) / (2 * a);
20           printf(" 解: %lf (重解) ¥n", x1);
21       } else {
22           printf(" 虚数解 ¥n");
23       }
24
25       return 0;
26   }
```

　入力された 3 つの数値にしたがって、2 つの解、重解、虚数解が示されます。

　10 行目の scanf 文に注目してください。第 1 引数の中に書式指定子 %lf が 3 つ記述されています。そして対応する変数 a, b, c が第 2，第 3，そして第 4 引数として記述されています。このようにすることで、複数の入力値を 1 つの scanf 文で読み取ることができます。入力関数 scanf については、「第 6 章　文字列と一次元配列」で、書式指定子については、「第 8 章　いろいろな関数」で説明します。

〔実行結果〕

　このプログラムを 3 回実行し、それぞれ （2,9,4）、（4,-4,1）、（2,2,8） と入力したとき、次のようになります。

```
C:¥WINDOWS¥system32¥cmd.exe                                    —  □  ×

C:¥CPROGSTD¥myC>
C:¥CPROGSTD¥myC>gcc -o quad_eq quad_eq.c

C:¥CPROGSTD¥myC>quad_eq
二次方程式 ax^2 + bx + c = 0 の解を計算します。
a b c と空白で区切って三つの数値を入力してください。
2 9 4
解1： -0.500000
解2： -4.000000

C:¥CPROGSTD¥myC>quad_eq
二次方程式 ax^2 + bx + c = 0 の解を計算します。
a b c と空白で区切って三つの数値を入力してください。
4 -4 1
解： 0.500000  （重解）

C:¥CPROGSTD¥myC>quad_eq
二次方程式 ax^2 + bx + c = 0 の解を計算します。
a b c と空白で区切って三つの数値を入力してください。
2 2 8
虚数解

C:¥CPROGSTD¥myC>
```

練習問題

3-1

　1000 点満点のコンピュータゲームの得点を入力し、0 ～ 599 点の場合は「もっと努力しよう。」、600 ～ 699 点の場合は「もう少し頑張ろう。」、700 ～ 799 点の場合は「よくできました。」、800 ～ 1000 点の場合「大変よくできました。」、上記以外の場合は「入力ミスです。」と表示しなさい。

3-2

　例題 3-2 について、東京の各月の平均気温（最低）について最大値と最小値を求めよ。

第 **4** 章

プログラムの構造
（繰返し）

　3 つの基本構造の中でも最も重要な繰返しについて説明します。たとえば、卵を 7 個食べることを考えます。卵は大きいので一度に 1 個しか食べることができないものとします。この手順を、流れ図を用いて表すと、図 4-1 のようになります。

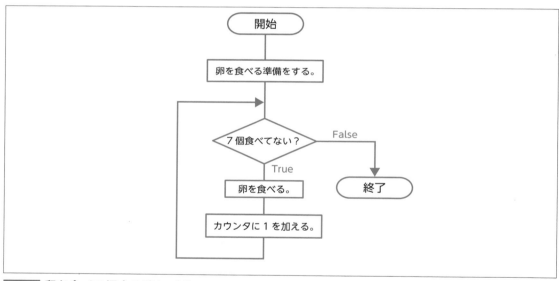

図 4-1 卵を食べる場合の流れ（1）

　ここで、卵を食べる場合は準備が必要で、「何個食べたか？」を数える**カウンタ**（counter）が必要です。カウンタは**制御変数**（control variable）[1]といい、繰り返す回数を保持します。
　さらに、繰返しの処理を示す流れ図は、次のように流れ図のループ端（ループ始端とループ終端）を用いて記述することもできます。

1：　インデックス（index）ともいう。

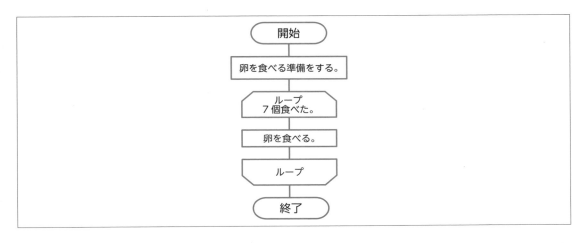

卵を食べる「準備」は制御変数の初期化や、その他変数の初期化をします。図 4-1 の流れ図に示した処理をプログラムとして実行する様子を説明するために、流れ図に番号を付けます（図 4-2）。

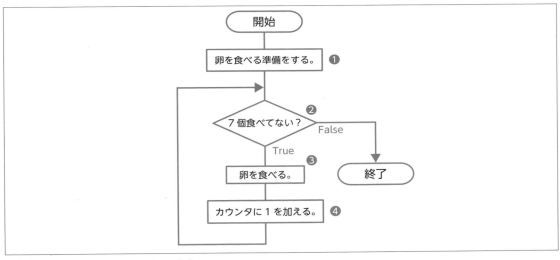

図 4-2 卵を食べる場合の流れ（2）

卵を 7 個食べる処理は、次のようになります。

第
4
章

プログラムの構造（繰返し）

③処理 卵を食べる		① or ④処理 カウンタ		②条件判断 7 個食べてない？
		カウンタに 0 をセット	⇒	（0 個）True
1 個食べる	⇒	カウンタを増やす（0 + 1）	⇒	（1 個）True
1 個食べる	⇒	カウンタを増やす（1 + 1）	⇒	（2 個）True
1 個食べる	⇒	カウンタを増やす（2 + 1）	⇒	（3 個）True
1 個食べる	⇒	カウンタを増やす（3 + 1）	⇒	（4 個）True
1 個食べる	⇒	カウンタを増やす（4 + 1）	⇒	（5 個）True
1 個食べる	⇒	カウンタを増やす（5 + 1）	⇒	（6 個）True
1 個食べる	⇒	カウンタを増やす（6 + 1）	⇒	（7 個）False

最初に❶で準備をし、❷で判断し、判断結果が True であるため❸で卵を食べ、❹でカウンタを1増やし、❷で判断をし、判断結果が True のため❸で卵を食べ、❹でカウンタを1増やし、... と繰り返します。❸で卵を7個食べた後、❹でカウンタを1増やし❷で判断をすると、判断結果が False となるので、繰返しは終了します。繰返しを行う中で、毎回❷で判断していることに注目してください。

　次に、Cプログラムとして実行するために、整数型変数 Counter を定義し、条件判断も Counter ＜7 として流れ図を書き換えると、図4-3のようになります。

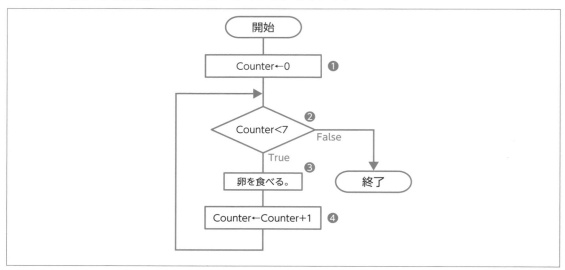

図 4-3 卵を食べる場合の流れ（3）

　同様に、卵を7個食べる処理は、次のようになります。

③処理 卵を食べる		① or ④処理 Counter		②条件判断 Counter ＜ 7
		Counter ← 0	⇒	Counter ＜ 7、Counter は 0、True
1 個食べる	⇒	Counter ← Counter + 1	⇒	Counter ＜ 7、Counter は 1、True
1 個食べる	⇒	Counter ← Counter + 1	⇒	Counter ＜ 7、Counter は 2、True
1 個食べる	⇒	Counter ← Counter + 1	⇒	Counter ＜ 7、Counter は 3、True
1 個食べる	⇒	Counter ← Counter + 1	⇒	Counter ＜ 7、Counter は 4、True
1 個食べる	⇒	Counter ← Counter + 1	⇒	Counter ＜ 7、Counter は 5、True
1 個食べる	⇒	Counter ← Counter + 1	⇒	Counter ＜ 7、Counter は 6、True
1 個食べる	⇒	Counter ← Counter + 1	⇒	Counter ＜ 7、Counter は 7、False

繰返し文（1）

〔while 文と do-while 文〕

　ある条件を満たしている間実行を繰り返す制御フロー文を while 文（while statement）といい、次のように記述します。

```
while ( <条件式> ) <文>
```

　while 文は、<条件式> が True である間、<文> を繰り返し実行し、いったん False になると、実行を終了します。

　流れ図で表すと、次のようになります。

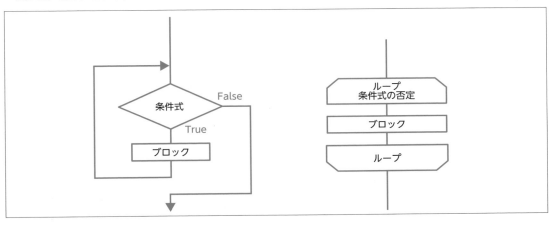

　<条件式> を評価した値が True（真）である間、<ブロック> を繰り返し実行します。<条件式> の値が False（偽）になった場合、繰返しを終了し、次の文を実行します。

　流れ図のループ始端を用いる場合は、終了条件を記述するので、<条件式> の否定を流れ図に記述することになります。

　上記の例を、while 文を用いて記述すると、図 4-4 のプログラムになります。

```
1   /* 繰返しのプログラム (1) */
2   #include <stdio.h>
3
4   int main (void) {
5       int counter = 0;
6
7       while (counter < 7) {
8           printf("卵を％d個食べる。¥n", (counter+1));
9           counter++;
10      }
11
12      return 0;
13  }
```

図 4-4 while 文の例（ファイル：while_stmt.c）

第4章 プログラムの構造（繰返し）

7行目から10行目までで while 文で記述しています。while 文で記述すると＜条件式＞が素直に記述できることがわかります。while 文は、最初に＜条件式＞を実行し＜文＞を実行すべきか、毎回チェックします。図 4-4 のプログラムをコンパイルして実行すると、図 4-5 のようになります。

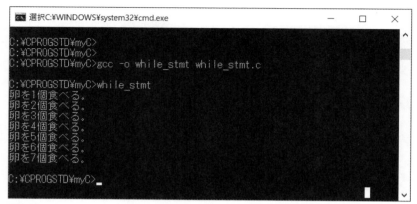

図 4-5 while_stmt.c のコンパイルと実行

この＜条件式＞を、最後に実行し、次の繰返しを行うかどうかチェックするのが、do-while 文です。図 4-4 を do-while 文で書き換えたものを、図 4-6 に示します。

```
1   /* 繰返しのプログラム (2) */
2   #include <stdio.h>
3
4   int main (void) {
5       int counter = 0;
6
7       do {
8           printf("卵を％d個食べる。¥n", (counter+1));
9           counter++;
10      } while (counter < 7);
11
12      return 0;
13  }
```

図 4-6 do-while 文の例（ファイル：do_while_stmt.c）

図 4-6 のプログラムをコンパイルして実行すると、結果は図 4-5 と同じになります。while 文と do-while 文の違いは、while 文が一度も＜文＞を実行しない場合があるのに対して、do-while 文は、必ず一度は実行するという点です。

前判定と後判定

　while 文による繰返しは、繰り返す処理を実行する＜ブロック＞の前に条件判断し、繰返しを続けるかの判断をしました。この処理を「前判定」といいます。一方、do-while 文で繰り返す処理を実行する＜ブロック＞の後に条件判断し、繰返しを続けるかの判断をする処理を「後判定」といいます。これらを流れ図で示すと図 4-7 のようになります。ループ端を用いると、図 4-8 のようになります。

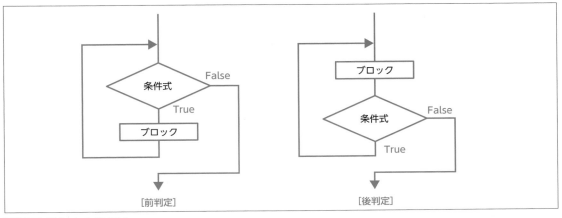

図 4-7 前判定と後判定

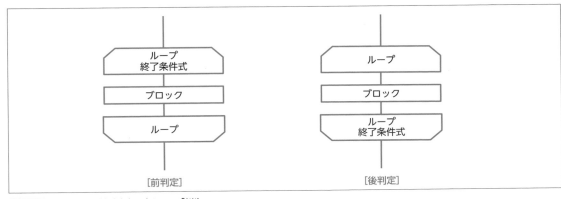

図 4-8 前判定と後判定（ループ端）

　前判定は＜ブロック＞の 0 回以上の繰返し、後判定は＜ブロック＞の 1 回以上の繰返しであることがわかります。

繰返し文 (2)

〔for 文〕

for 文は、ある範囲の繰返しを簡単に記述するために用います。for 文は、次のように記述します。

```
for ( ＜初期化式＞ ; ＜条件式＞ ; ＜更新式＞ ) ＜文＞
```

＜初期化式＞の部分は、最初に一度だけ実行するので、多くの場合、繰返しに必要な初期化を記述します。＜条件式＞は、繰返しを行う条件を記述する部分で、繰返しのたびに実行します。＜条件式＞が true を返すたびに＜文＞を実行し、false が返ってくると終了します。＜更新式＞は、各繰返しの最後に実行されるので、多くの場合、繰返しに用いる変数のインクリメントやデクリメントといった更新を記述します。

流れ図を用いて表すと、図 4-9 のようになります。

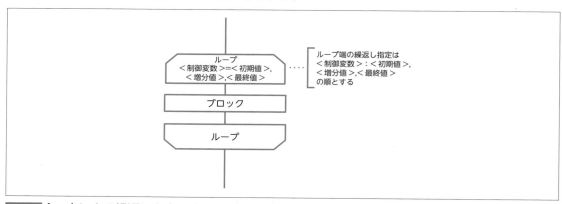

図 4-9 for 文による繰返しを表す流れ図 (ループ端)

図 4-10 に、for 文を用いた例題のプログラムを示します。for 文の場合は、counter が 1 から 7 までに繰り返したほうがわかりやすいので counter の初期値を 1 としました。

```
1  /* 繰返しのプログラム (3) */
2  #include <stdio.h>
3
4  int main (void) {
5
6      int counter;
7      for (counter=1; counter <= 7; counter++) {
8          printf("卵を％d個食べる。\n", (counter));
9      }
10
11     return 0;
12 }
```

図 4-10 for 文の例 (ファイル：for_stmt.c)

＜初期化式＞、＜条件式＞、＜更新式＞は、必ずしも必要ではありません。次のように省略することもできます。このとき、for 文は無限ループになります。

```
for ( ; ; ) { ... }
```

第 2 章でデータ型の説明をしたとき、char 型は 8 ビット整数であり、算術演算の対象になると述べました。図 4-11 に、char 型の文字に 1 を加えることで、図 1-11 のアスキーコード表で隣の文字を表示するプログラムを示します。

このプログラムでは文字 'A' をインクリメントすることで 'B' から 'Z' までの文字を表示しています。実行結果を図 4-12 に示します。このプログラムの printf 文では、書式指定子に %c を使用することで、文字を出力しています。書式指定子を %d とするとアスキーコードが表示されます。便利なこともありますが、プログラムをわかりにくくすることにもなりかねませんので、多用しないほうがよいでしょう。

```
1   /* アルファベットの表示 */
2   #include <stdio.h>
3
4   int main (void) {
5       int n = 20;
6       int i;
7       char a = 'A';
8
9       for (i = 0; i < 26; i++) {
10          printf("% c",a++);
11      }
12
13      return 0;
14  }
```

図 4-11 文字をインクリメントするプログラム（ファイル：test_char.c）

図 4-12 test_char.c のコンパイルと実行

繰返し文のループ本体をさらに繰返し文にすると、繰返し文を重ね合わせることができます。このような繰返しを多重ループといいます。図 4-13 に、二重のループを用いて九九の表を作成するプログラムを示します。外側の for 文は、変数 i の値を 1 に初期化してから 9 までインクリメントします。これが縦の 9 行の繰返しを担当しています。内側の for 文は、変数 j の値をやはり 1 に初期化してから 9 までインクリメントします。これが横の 9 個の並びを担当しています。繰返しごとに printf 文で (i * j) の値を表示しています。関数 printf の中で、書式指定子を使って %3d とすることで、3 文字

分の表示範囲を指定しています。こうすることで、空白をあけつつ右揃えにすることができます。また印字すべき文字（%3d で指定された整数）が ¥n で終わっていません。¥n は改行文字なので、改行しないことによって、内側のループの出力が横に続けて出力されます。書式指定子については、「第8章　いろいろな関数」で説明します。

　内側の for 文が終了すると printf 文で改行文字を出力して改行します。ここまでで一行表示されるわけです。それを外側の for 文で 9 回繰り返すことによって九九の表を完成させています。

```
1   /* 九九の表 */
2   #include <stdio.h>
3
4   int main (void) {
5       int i, j;
6       for (i = 1; i < 10; i++) {
7           for (j = 1; j < 10; j++) {
8               printf("%3d", (i * j));
9           }
10          printf("¥n");
11      }
12
13      return 0;
14  }
```

図 4-13 二重の for 文による九九のプログラム（ファイル：kuku.c）

　図 4-14 に九九の表を作成するプログラムの実行結果を示します。プログラムと実行結果を見比べて、二重の繰返しの構造を理解してください。

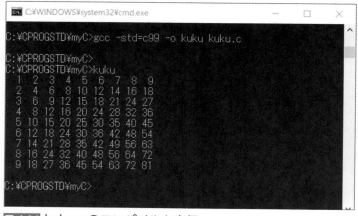

図 4-14 kuku.c のコンパイルと実行

 **無条件分岐文**

　無条件分岐文は、文を実行の途中で終了させたり、繰返しを飛び越したりするために用いる制御フロー文です。**break 文** (break statement) と **continue 文** (continue statement) と **goto 文** (goto statement) があります。

〔break 文〕

　break 文は、switch 文でも述べたように、実行中の文を終了させます。その他、for、while、do-while の各文でもよく用います。図 4-15 に、break 文を用いた「100 に最も近い 7 の倍数」を求めるプログラムを示します。

```
1   /* break文 */
2   #include <stdio.h>
3
4   int main (void) {
5       int i;
6       for (i = 100; i > 0; i--) {
7           if ( i % 7 == 0)
8               break;
9       }
10      printf("% d¥n", i);
11
12      return 0;
13  }
```

図 4-15 break 文の例（ファイル：break_stmt.c）

図 4-16 break_stmt.c のコンパイルと実行

　図 4-16 の実行結果が示すように、for 文は、整数型変数 i が 1 になるまで繰り返すことなく、98 になったところで終了します。

〔continue 文〕

continue 文は、for、while、do-while の現在の繰返しを省略する制御フロー文です。continue 文は、最も内側のループ本体を省略し、条件式の評価に戻ります。

図 4-17 に、continue 文を使って九九の表を作成するプログラムを書き換えたプログラムを示します。書換えにより九九の表の中で 3 を含む数値が表示されなくなります。内側の for 文のループ本体の中で掛け算の結果を 10 で割った余り（1 桁目）と 10 で割った商（2 桁目）のどちらかが 3 である場合（論理和の演算子 || を用います）に、掛け算の結果の代わりに 3 つの空白を表示していることに注目してください。

```c
1   /* 九九の表（3を含む数なし）*/
2   #include <stdio.h>
3
4   int main (void) {
5       int product;
6       for (int i = 1; i < 10; i++) {
7           for (int j = 1; j < 10; j++) {
8               product = i * j;
9               if (product % 10 == 3 || product / 10 == 3) {
10                  printf("   ");
11                  continue;
12              }
13              printf("%3d", product);
14          }
15          printf("¥n");
16      }
17
18      return 0;
19  }
```

図 4-17 continue 文の例（ファイル：kuku_no3.c）

図 4-18 に continue 文を使って九九の表から 3 を含む数を省いた表を作成するプログラムの実行結果を示します。プログラムと実行結果を見比べて、continue 文の仕様を理解してください。

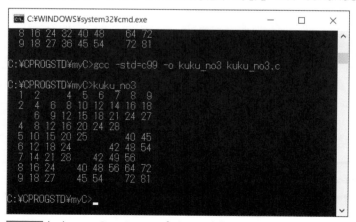

図 4-18 kuku_no3.c のコンパイルと実行

〔goto 文〕

　break 文では、多重ループの内側から複数のループを抜けることはできません。break 文を直接囲んでいるループにだけ影響を与えることができるのです。

　一方、goto 文を用いると、任意の場所に記したラベルへ制御の流れを移すことができます。多重ループを一挙に抜けるプログラムは第 6 章の図 6-7 に示します。しかし、一般に goto 文を用いることはプログラムの流れをわかりにくくするので、頻繁に使用することは控えたほうがよいでしょう。

例題 4-1 1 から N までの和

　自然数 1 から N までの和を求めるプログラムを作成せよ。

〔アルゴリズム〕

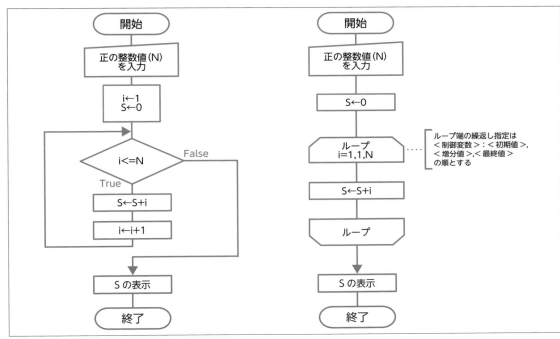

　以上のアルゴリズムに従って記述したプログラムが以下のようになります。

〔プログラム〕

```
1  /* 1からNまでの和を計算する（for 文使用）*/
2  #include <stdio.h>
3
4  int main (void) {
5      int n, sum = 0;
6      printf("N: ");
7      scanf("% d", &n);
8      for (int i = 1; i <= n; i++) {
9          sum = sum + i;
10     }
11     printf("1から% dまでの和：% d¥n", n, sum);
12
13     return 0;
14 }
```

8行目から10行目までで、for 文によって、変数 sum に制御変数 i を足し込む処理を繰り返しています。

〔プログラム〕（途中経過の表示）

```
1  /* 1からNまでの和を計算する（for 文使用）*/
2  #include <stdio.h>
3
4  int main (void) {
5      int n, sum = 0;
6      printf("N: ");
7      scanf("% d", &n);
8      for (int i = 1; i <= n; i++) {
9          sum = sum + i;
10         printf("% d¥n", sum);
11     }
12     printf("1から% dまでの和：% d¥n", n, sum);
13
14     return 0;
15 }
```

for 文のループ本体に和を表示する printf 文を書いておくと（10行目）、途中経過を表示すること

ができます。このように、途中経過を表示するプログラムを追加すれば、さらにプログラムに対する理解が深まります。思い通りの結果が得られないときに、このように途中経過を表示することでプログラムの誤りを発見することもできます。

while 文を用いて記述すると次のようになります。

```
1   /* 1からNまでの和の計算（while文使用）*/
2   #include <stdio.h>
3
4   int main (void) {
5       int n, sum = 0;
6       printf("N: ");
7       scanf("%d", &n);
8       int i = 1;
9       while (i <= n) {
10          sum = sum + i;
11          i++;
12      }
13      printf("1から%dまでの和：%d\n", n, sum);
14
15      return 0;
16  }
```

do-while 文を用いても同様のプログラムを記述することができます。

例題 3-3 の標準体重の計算式を用いて、身長と標準体重の対応を示す表を作成せよ。標準体重を計算する式は、次のとおりである。

$$標準体重 = 身長^2 \times 22$$

身長は 150cm から 190cm までに対して 2.5cm 刻みで表示せよ。

〔プログラム〕

```
1   /* 標準体重を計算するプログラム */
2   #include <stdio.h>
3
4   int main (void) {
5       double h=150.0, w, sw;
6
7       printf(" 身長 (cm)    標準体重 (kg) ¥n");
8       while (h <= 190.0) {
9           sw  = ((h * h) / 10000.0) * 22.0;
10          printf("% f   % f¥n", h, sw);
11          h = h + 2.5;
12      }
13
14      return 0;
15  }
```

〔実行結果〕

```
C:¥WINDOWS¥system32¥cmd.exe                    —    □    ×

C:¥CPROGSTD¥myC>gcc -std=c99 -o std_weight std_weights.c

C:¥CPROGSTD¥myC>std_weight
身長 (cm)      標準体重 (kg)
150.000000    49.500000
152.500000    51.163750
155.000000    52.855000
157.500000    54.573750
160.000000    56.320000
162.500000    58.093750
165.000000    59.895000
167.500000    61.723750
170.000000    63.580000
172.500000    65.463750
175.000000    67.375000
177.500000    69.313750
180.000000    71.280000
182.500000    73.273750
185.000000    75.295000
187.500000    77.343750
190.000000    79.420000

C:¥CPROGSTD¥myC>_
```

例題 4-3 フィボナッチ数列

フィボナッチ数列を表示せよ。フィボナッチ数列とは、次の漸化式で示す数列である。

$$\begin{cases} fib(1)=1 \\ fib(2)=1 \\ fib(n)=fib(n-1)+fib(n-2) \quad (n \geqq 3) \end{cases}$$

n=20 までの値を求める。

〔アルゴリズム〕

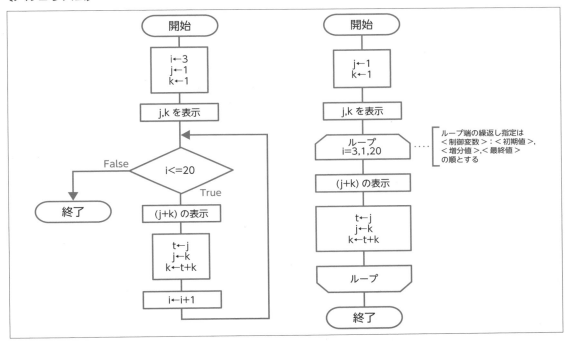

プログラムの構造（繰返し）

〔プログラム〕

```
1    /* n=20 までのフィボナッチ数の計算 */
2    #include <stdio.h>
3
4    int main (void) {
5        int i, j = 1, k = 1;
6        int t;
7        printf("%5d\n", j);
8        printf("%5d\n", k);
9        for (i = 3; i <= 20; i++) {
10           printf("%5d\n", (j + k));
11           t = j;
12           j = k;
13           k = t + k;
14       }
15
16       return 0;
17   }
```

　n=1、n=2 の値（1）を j と k に与えて、i を 3 から 20 まで 1 ずつ増加させて、順に j+k を表示しています。1 つのフィボナッチ数を表示したら、漸化式に従って、k の値を j に代入し、j には j+k の値を代入します。繰返しには、for 文を用います。フィボナッチ数は桁数が大きくなるので，書式指定子を %5d と記述することによって 5 桁右揃えにしています。

〔実行結果〕

```
C:¥WINDOWS¥system32¥cmd.exe                        —  □  ×

C:¥CPROGSTD¥myC>gcc -std=c99 -o fibonacci fibonacci.c

C:¥CPROGSTD¥myC>fibonacci
    1
    1
    2
    3
    5
    8
   13
   21
   34
   55
   89
  144
  233
  377
  610
  987
 1597
 2584
 4181
 6765

C:¥CPROGSTD¥myC>
```

例題 4-4 紙の 2 つ折り

非常に大きな紙があるとして、何度も 2 つ折りにすることを考える[2]。折った紙の厚さが富士山の高さ 3776m を超えるのは何回折ったときか計算せよ。なお、紙 1 枚の厚さは 0.1mm とし、2 つ折りにするごとに紙の厚さが 2 倍になるとする。

最初 0.1mm であった紙が、0.2mm、0.4mm、0.8mm と 2 倍になっていく様子を計算する。

〔プログラム〕

```
1   /* 紙の 2 つ折り */
2   #include <stdio.h>
3
4   int main (void) {
5       double h = 0.0001;
6       printf(" 回数（回）    紙の厚さ（m）¥n");
7
8       int i = 0;
9       while (h < 3776.0) {
10          printf("%5d    %15lf¥n", i, h);
11          h = h * 2;
12          i++;
13      }
14      printf("%5d    %15lf¥n", i, h);
15
16      return 0;
17  }
```

9 行目から 13 行目まで while 文によって、紙の厚さを計算する処理を記述します。

2: 実際には 8 回程度しか折れないことが知られています。本問では、永遠に折ることができると仮定します。

〔実行結果〕

以上のように 26 回折ったところで富士山の高さを超えることがわかります。

練習問題

4-1

繰返し文を用いて、次のように ＊（アスタリスク）で四角形を表示せよ。

```
*******
*******
*******
*******
*******
*******
*******
```

4-2

2重ループを用いて次のように三角形を表示せよ。

```
*
**
***
****
*****
******
*******
```

4-3

次のようなひし形を表示せよ。ただし、文字列の先頭は _(アンダーライン) を用いよ。

```
___*
__***
_*****
*******
_*****
__***
___*
```

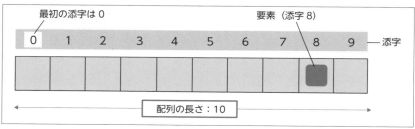

第 5 章

一次元配列

「配列」は、同じ型の値を決まった数（配列の長さ）だけ収納する箱です。配列の長さは、配列が生成されるときに設定します。いったん、配列が生成されると、長さは変更できません。配列に収納する値を、**要素**（element）といいます。各要素には、0 から順番に、**添字**（subscript）という番号が付いていて、添字を用いて参照します。たとえば、図 5-1 に示した配列の 9 番目の要素は、添字 8 で参照することができます。

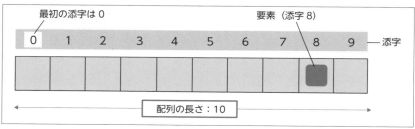

```
最初の添字は 0                          要素（添字 8）

  0   1   2   3   4   5   6   7   8   9  — 添字


                                  ■

←————————————— 配列の長さ：10 —————————————→
```

図 5-1 配列の構成と名称

次のプログラムは整数型配列 fiveVal を生成し、5 個の値を要素として代入した後、標準出力に表示します。

```
1   /* 配列 */
2   #include <stdio.h>
3
4   int main(void) {
5       int fiveVal[5];
6
7       fiveVal[0] = 10;
8       fiveVal[1] = 20;
9       fiveVal[2] = 30;
10      fiveVal[3] = 40;
11      fiveVal[4] = 50;
12
13      printf("fiveVal[0]=% d¥n", fiveVal[0]);
14      printf("fiveVal[1]=% d¥n", fiveVal[1]);
```

```
15        printf("fiveVal[2]=% d¥n", fiveVal[2]);
16        printf("fiveVal[3]=% d¥n", fiveVal[3]);
17        printf("fiveVal[4]=% d¥n", fiveVal[4]);
18
19        return 0;
20   }
```

図 5-2 配列の使用例（ファイル：array.c）

　図5-2をコンパイル後実行すると、図5-3に示すように、配列fiveValの各要素として代入した値を、対応する添字で参照できることがわかります。

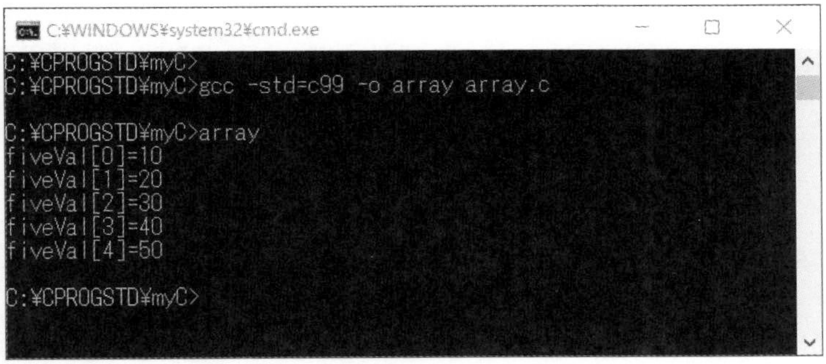

```
C:¥WINDOWS¥system32¥cmd.exe                        —    □    ×

C:¥CPROGSTD¥myC>
C:¥CPROGSTD¥myC>gcc -std=c99 -o array array.c

C:¥CPROGSTD¥myC>array
fiveVal[0]=10
fiveVal[1]=20
fiveVal[2]=30
fiveVal[3]=40
fiveVal[4]=50

C:¥CPROGSTD¥myC>
```

図 5-3 array.c のコンパイルと実行

配列を格納する変数の宣言

　図5-2 のプログラムは、`int fiveVal[5];` とあるように、配列を格納する変数（以下「配列変数」という）を次のように宣言しています。

`< 型名 > < 変数名 > [< 要素数 >] ;`

　< 型名 > は、配列の要素の型を示していて、[< 要素数 >] は、< 変数名 > の変数が < 要素数 > で表されるサイズの配列であることを示しています。このように宣言することによって、コンパイラは、< 要素数 > で指定された大きさの記憶領域を配列として確保します。

配列の生成、初期化、要素の参照

　図5-2 のプログラムで `fiveVal[0] = 10;` から `fiveVal[4] = 50;` までは、特定の添字 0 から 4 で指定した箇所へ要素を代入することを表しています。printf 関数の引数に現れる `fiveVal[0]` から `fiveVal[4]` は、添字 0 から 4 の要素を参照することを表しています。いずれも、次のように配列名に添字を付加して記述します。

`< 配列名 > [ < 添字 > ]`

　配列の生成と要素の初期化は、次のようにまとめて記述することもできます。

```
int fiveVal [] = { 10, 20, 30, 40, 50 } ;
```

　初期値になる要素は、「{」と「}」の間に、カンマ「,」で区切って並べます。配列のサイズは、指定した要素の数で決まります。

　＜添字＞には、定数だけでなく、変数や式を記述することができるので、for 文を用いて、図 5-2 を図 5-4 のようにより短く記述することができます。

```
1   /* 配列 */
2   #include <stdio.h>
3
4   int main(void) {
5       int i;
6       int fiveVal[] = { 10, 20, 30, 40, 50 };
7
8       for (i = 0; i < 5; i++) {
9           printf("fiveVal[%d]=%d\n",i, fiveVal[i]);
10      }
11
12      return 0;
13  }
```
図 5-4 for 文を用いた配列要素の参照

　図 5-4 のプログラムをコンパイルして実行すると、図 5-3 と同じ結果が得られます。

例題 5-1 平均気温

　例題 3-2 平均気温で示した東京の気温データを用いて、各月の平均気温（最高／最低）の平均を求めよ。さらに、各月の平均気温（最高／最低）の最大値と最小値を求めよ。

〔気温データ〕

東京の平均気温（℃）

	1月	2月	3月	4月	5月	6月	7月	8月	9月	10月	11月	12月
最高	10	10	13	19	23	26	30	31	27	22	17	12
最低	2	2	5	10	15	19	23	24	21	15	9	4

〔プログラム〕

```
1   /* 最大値と最小値の計算 */
2   #include <stdio.h>
3
4   int main (void) {
5       int ma[] = { 10,10,13,19,23,26,30,31,27,22,17,12 };
6       int mi[] = { 2,2,5,10,15,19,23,24,21,15,9,4 };
```

```
7      int maxmax, maxmin;
8      int minmax, minmin;
9      int i;
10     double sa, si;
11
12     for (i = 0; i < 12; i++) {
13         sa = sa + ma[i];
14         si = si + mi[i];
15     }
16     printf(" 最高気温平均値：％2.2f¥n", sa / 12.0);
17     printf(" 最低気温平均値：％2.2f¥n", si / 12.0);
18
19     maxmax = maxmin = ma[0];
20     minmax = minmin = mi[0];
21     for (i = 1; i < 12; i++) {
22         if (maxmax < ma[i]) { maxmax = ma[i]; }
23         if (maxmin > ma[i]) { maxmin = ma[i]; }
24         if (minmax < mi[i]) { minmax = mi[i]; }
25         if (minmin > mi[i]) { minmin = mi[i]; }
26     }
27     printf(" 最高気温最大値：％2d¥n", maxmax);
28     printf(" 最高気温最小値：％2d¥n", maxmin);
29     printf(" 最低気温最大値：％2d¥n", minmax);
30     printf(" 最低気温最小値：％2d¥n", minmin);
31
32     return 0;
33 }
```

〔実行結果〕

```
C:¥WINDOWS¥system32¥cmd.exe                        —    □    ×

C:¥CPROGSTD¥myC>
C:¥CPROGSTD¥myC>
C:¥CPROGSTD¥myC>gcc -o temparatures temparatures.c

C:¥CPROGSTD¥myC>temparatures
最高気温平均値：20.00
最低気温平均値：12.42
最高気温最大値：31
最高気温最小値：10
最低気温最大値：24
最低気温最小値： 2

C:¥CPROGSTD¥myC>
```

例題 4-3 で説明したフィボナッチ数列を、配列を用いて計算し表示せよ。n=20 まで求めよ。

〔アルゴリズム〕

配列を用いる場合は、次の流れ図となります。

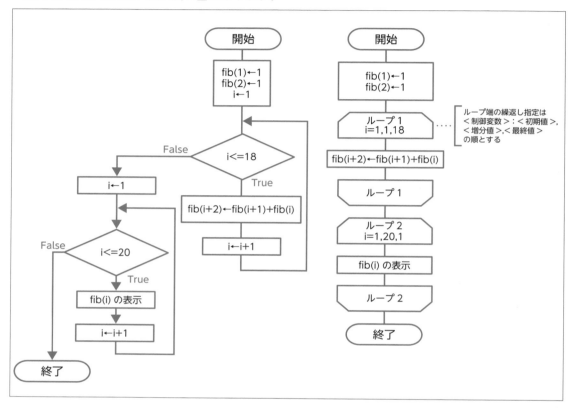

〔プログラム〕

```
1   /* 配列を使った、n=20 までのフィボナッチ数の計算 */
2   #include <stdio.h>
3
4   int main (void) {
5       int fib[20];
6       int i;
7       fib[0] = 1;
8       fib[1] = 1;
9       for (i = 0; i <= 18; i++) {
10          fib[i+2] = fib[i] + fib[i+1];
11      }
12      for (i = 0; i < 20; i++) {
13          printf("%5d\n", fib[i]);
14      }
15
16      return 0;
17  }
```

for 文を用いて計算し、いったん配列にフィボナッチ数列を格納してから、さらに for 文を用いて表示します。

漸化式で示したアルゴリズムを、配列を用いて記述すると、わかりやすいプログラムとなります。

〔実行結果〕

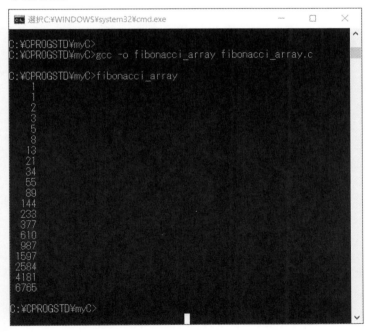

例題 5-3 成績処理（偏差値）

20 人の学生の英語の試験の点数が次のようであった。各学生の偏差値を求めよ。

学生	英語
1	64
2	82
3	98
4	76
5	83
6	63
7	73
8	9
9	88
10	94
11	39
12	45
13	21
14	58
15	99
16	17
17	82
18	38
19	88
20	100

〔偏差値の求め方〕

n 人の各学生の点を x_i とします。平均（$\bar{x}$）と、標準偏差（σ）は次のように表すことができます。

$$\bar{x} = \frac{\sum_{i=1}^{n} x_i}{n}$$

$$\sigma = \sqrt{\frac{\sum_{i=1}^{n}(x_i - \bar{x})^2}{n}}$$

各学生の偏差値（o_i）は、次のようになります。

$$o_i = 50 + \frac{x_i - \bar{x}}{\sigma} \times 10$$

〔プログラム〕

```
1    /* 成績処理 */
2    #include <stdio.h>
3    #include <math.h>
4
5    int main (void) {
6        int n = 20;
7        int scores[] = {64,82,98,76,83,63,73,9,88,94,39,45,21,58,99,17,82,38,88,100};
8        double std_s[n];
9        int sum = 0;
10       double ave, dif, ss, std_d;
11       int i;
12
13       for (i = 0; i < n; i++) {
14           sum = sum + scores[i];
15       }
16       ave = (double)sum / n;
17       for (i = 0; i < n; i++) {
18           dif = (double)scores[i] - ave;
19           ss = ss + (dif * dif);
20       }
21       std_d = sqrt(ss / n);
22       for (i = 0; i < n; i++) {
23
24           std_s[i] = 10 * ((double)scores[i] - ave) / std_d + 50;
25       }
26       for (i = 0; i < n; i++) {
27           printf("%2d: %3d  %2.2f¥n", (i+1), scores[i], std_s[i]);
28       }
29
30       return 0;
31   }
```

13 行目から 15 行目で整数型の変数 sum に学生の得点の合計を求め、16 行目で倍精度浮動小数点型の変数 ave に平均点を求めます。同様に，17 行目から 20 行目で倍精度浮動小数点型の変数 ss に各学生の得点と平均との差の二乗を合計しています。21 行目で倍精度浮動小数点型の変数 std_d に標準偏差を求め，22 行目から 25 行目で各学生の偏差値を求めています。

〔実行結果〕

```
C:¥WINDOWS¥system32¥cmd.exe                    —    □    ×

C:¥CPROGSTD¥myC>gcc -o scores scores.c

C:¥CPROGSTD¥myC>scores
 1:   64   49.34
 2:   82   55.77
 3:   98   61.48
 4:   76   53.63
 5:   83   56.13
 6:   63   48.98
 7:   73   52.55
 8:    9   29.69
 9:   88   57.91
10:   94   60.05
11:   39   40.41
12:   45   42.55
13:   21   33.98
14:   58   47.20
15:   99   61.84
16:   17   32.55
17:   82   55.77
18:   38   40.05
19:   88   57.91
20:  100   62.20

C:¥CPROGSTD¥myC>
```

練習問題

5-1

例題 3-2 の最大値と最小値と同様の処理を繰返し文を用いて記述せよ。

第6章

文字列と一次元配列

文字列は基本型ではありません。文字列は文字の配列として表現されます。文字列を扱う際には、標準ヘッダ `<string.h>` を用います。

文字列と配列

第1章で、画面に「Hello World」と出力するプログラムを見ました。そこでは、二重引用符（ダブルクォーテーション）で "Hello World" と囲むことで文字リテラルを表現しました。この章では、文字列がどのように一次元配列で表現されるかを学びます。図6-1に、文字列 s と t を生成して比較するプログラムを示します。このプログラムを実行すると図6-2のような結果が得られます。このように、文字列 s と t は同じものです。

```
1    /* 文字列の比較 */
2    #include <stdio.h>
3    #include <string.h>
4
5    int main(void) {
6        char s[] = "mickey";
7        char t[] = {'m','i','c','k','e','y','\0' };
8
9        printf("文字列 s は ％s です。\n",s);
10       printf("文字列 t は ％s です。\n",t);
11       if (strcmp(s,t) == 0) {
12           printf("文字列 s と t は同じです。\n");
13       }
14       return 0;
15   }
```

図 6-1 文字列と文字の配列を比較するプログラム（ファイル：comp_str.c）

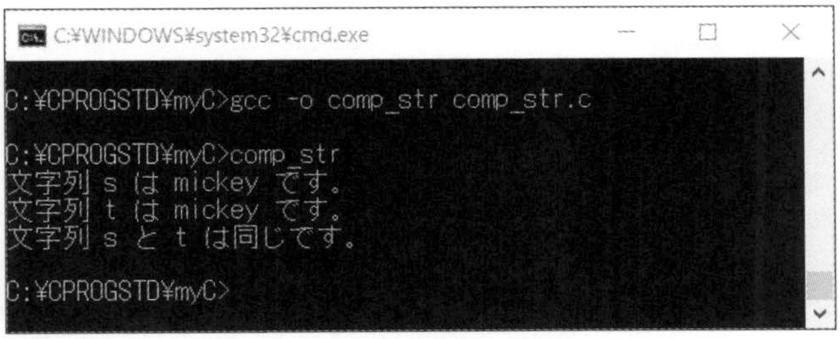

図 6-2 comp_str.c のコンパイルと実行

図 6-1 のプログラムの中では、文字列 t が配列として定義されていることに注目してください。そして、ナル文字「¥0」が文字の最後に付加されています。一方、文字列 s は、二重引用符（ダブルクォーテーション）を用いて文字列リテラルとして定義されていますが、この場合も、暗黙にナル文字が最後に付加されています。文字列とは、ナル文字で終わる文字の配列なのです（ナル文字が文字列の終わりを示します）。

まとめると図 6-3 のようになります。空の文字列でもナル文字はあるので、長さは 1（バイト）あることにも注目してください。

11 行目の if 文の条件式 `strcmp(s, t) == 0` に注目してください。strcmp は文字列を比較する関数です。この関数は第 1 引数が示す文字列と第 2 引数が示す文字列を比較して等しければ 0 を返します。文字列関数については、「第 8 章　いろいろな関数」で説明します。

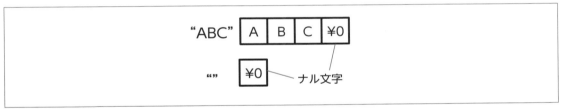

図 6-3 文字列リテラルの内部表現

文字列と整数の読込みと表示

図 6-4 に文字列と整数を読み込んで表示するプログラムを示します。10 行目にあるように、文字列は、入力関数 scanf で書式指定子「%s」を指定すると、引数 name に入力した文字列が入ります。また、6 行目で name を文字の配列として定義していることに注目してください。配列は、入力する文字列を格納できるように十分な大きさを確保しておかなければなりません。

```
1   /* 文字列の入力 */
2   #include <stdio.h>
3   #include <string.h>
4
5   int main(void) {
6       char name[256];
7       int  age;
8
```

```
 9        printf(" お名前は？ ¥n");
10        scanf("％s", name);
11        printf("％s さん、こんにちは！¥n", name);
12        printf(" お歳は？ ¥n");
13        scanf("％d",&age);
14        printf(" 今％d 歳だとすると 10 年後には％d 歳ですね！¥n", age, (age+10));
15        printf(" よけいなお世話でした。失礼しました (^o^)／！¥n");
16
17        return 0;
18   }
```

図 6-4 文字列を取り込むプログラム（ファイル：name_age.c）

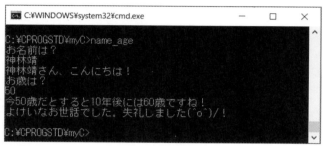

図 6-5 name_age.c のコンパイルと実行

このプログラムでは、年齢を受け取るのに 13 行目で scanf("％d, &age) として直接整数型の変数 age に受け取っていますが、atoi 関数を用いるといったん文字列に受け取ってから文字列を数値に変換することもできます。そのように書き直したプログラムを図 6-6 に示します（結果は同じになります）。15 行目の代入文によって数値に変換された文字列が整数変数 age に入れられます。関数 atoi が引数として与えられた文字列を整数に変換して返しています。文字列を数値に変換する関数については、「第 8 章　いろいろな関数」で説明します。

また、図 6-4 のプログラムで、文字列を受け取るときは配列の名前を書くだけですみ、整数（浮動小数点数でも同じ）を受け取るときは変数の前に＆（「アンパサン」と読みます）を付けていることに気づかれたと思います（図 6-4 の 13 行目）。これは、scanf で値を受け取るときは、変数の番地を指定しなければならないことによるものです。変数名に＆を付けると、変数の番地を指定したことになるのです。それでは配列の名前には、なぜ＆を付けなくてよいかというと、配列の名前は、変数名ではなく配列の最初の要素の番地を示しているからです。つまり＆を付けなくても、すでに番地なのです。これについては、「第 7 章　ポインタ」で説明します。

```
 1   /* 文字列の入力 */
 2   #include <stdio.h>
 3   #include <string.h>
 4   #include <stdlib.h>
 5
 6   int main(void) {
 7       char name[256], str[5];
```

```
 8      int   age;
 9
10      printf(" お名前は？ ¥n");
11      scanf("％ s", name);
12      printf("％ s さん、こんにちは！ ¥n", name);
13      printf(" お歳は？ ¥n");
14      scanf("％ s", str);
15      age = atoi(str);
16      printf(" 今％ d 歳だとすると 10 年後には％ d 歳ですね！ ¥n", age, (age+10));
17      printf(" よけいなお世話でした。失礼しました (^o^)/ ！ ¥n");
18
19      return 0;
20  }
```

図 6-6 atoi を使って書き直したプログラム

文字列の一致

　図 6-7 は、文字列 t の値 "meeny" が、文字列 s の値 "eneymeenyminymore" のどの位置に最初に現れるかを計算するプログラムです。strlen(x) は、文字列 x の長さを返す関数です。配列の索引は 0 から始まりますので、長さが 5 の文字列 "meeny" の最後の文字 'y' を示す索引は 4 です。これが、"meeny" の最後の文字を比較するところで strlen(t) − 1 と 1 を引いている理由です。

　strlen() の代わりに sizeof 演算子を用いることもできますが、sizeof 演算子は変数のサイズをバイト単位で返す関数です。1 文字のサイズは 1 バイトなので、この場合は文字数に一致しますが、最後のナル文字も含めたサイズを返すことに注意しなくてはなりません。つまり sizeof 演算子を用いるのであれば、sizeof(t) − 2 としなければなりません。

```
 1  /* 文字列の一致の検査 */
 2  #include <stdio.h>
 3  #include <string.h>
 4
 5  int main(void) {
 6      char s[] = "eneymeenyminymore";
 7      char t[] = "meeny";
 8
 9      int i, j;
10      for (i = 0; i < strlen(s); i++) {
11          for (j = 0; j < strlen(t); j++) {
12              if (s[i+j] != t[j])
13                  break;
14              if (j == (strlen(t)-2)) {
15                  printf("％ d¥n", i);
16                  goto end;
17              }
18          }
19      }
```

```
20      end:
21      return 0;
22  }
```

図 6-7 文字列の一致を調べるプログラム（ファイル：comp_char.c）

　プログラム中の入れ子になった for 文は、外側の for 文が更新する変数 i が、文字列 s 上の i 番目の文字から一致を調べることを表し、内側の for 文が更新する変数 j が、文字列 t の j 番目までの文字が一致するか調べることを表しています。もし、文字列 t と最後の文字まで一致しないことがあれば、1 つ目の if 文の＜条件式＞ s[i+j] != t[j] によって明らかになり、現在の i から始めた一致の検査（内側の for 文）を break 文によって終了します。この後、外側の for 文の先頭に戻るので、変数 i の値が 1 つ増やされ、文字列 s 上の一致の検査は、1 つ右の文字から再開されます。もし、内側の for 文で、文字列 t の最後の文字まで一致が確認できれば、2 つ目の if 文の条件式 j==(strlen(t)-2) によって、goto 文 goto end; を実行します。これにより外側の for 文も中断されてプログラムは終了します。

　図 6-8 に実行結果を示します。外側の for 文が終了する直前に、変数 i の値が表示され、文字列 s の 4 文字目以降が、文字列 t と一致することがわかります。

図 6-8 comp_char.c のコンパイルと実行

文字の出現数

　図 6-9 は、変数 s の初期値である文字列 "eneymeenyminymore" に、'm' が何個現れるか計算するプログラムを表しています。for 文は、c++ によって変数 c に文字数を計算していきます。このとき、現在の i 番目の文字 s[i] が 'm' でないことが、＜条件式＞ s[i] != 'm' によって明らかになると、continue 文の continue; を実行します。continue 文の実行では、c++ を省略するので、最終的に、m の数だけが c に計算されます。

　図 6-9 をコンパイルして実行すると、図 6-10 に示すように、変数 s の文字列内に、m が 3 個現れることが確認できます。

```
1   /* 文字の出現数 */
2   #include <stdio.h>
3   #include <string.h>
4
5   int main(void) {
```

```
6      char s[] = "eneymeenyminymore";
7      int c = 0;
8
9      int i;
10     for (i = 0; i < (strlen(s)); i++) {
11         if (s[i] != 'm') continue;
12         c++;
13     }
14     printf("m は ％d個あります。¥n", c);
15
16     return 0;
17 }
```

図 6-9 continue 文を使って文字の出現数を数えるプログラム（ファイル：count_char.c）

図 6-10 count_char.c のコンパイルと実行

練習問題

6-1

文字列 "0123456789" を入力として逆順にした "9876543210" を表示するプログラムを作成せよ。

6

章

文字列と一次元配列

第 7 章

ポインタ

ポインタ（pointer）とは、変数の番地をもつ変数です。

■ ポインタとは

　第 2 章で、変数については学びました。変数とは、値を格納できる記憶領域でした。メモリとも呼ばれるこの記憶領域には**番地**（address）が割り振られています。建物に番地（アドレス）が割り振られているのと同じです。

　変数とは、記憶領域で、値を入れる箱のようなものだといいました。箱ですからいろいろな値を入れることができます。そして、箱の中に値を入れることを代入といいます。代入すると箱の中の値は変わりますが、箱そのものは変わりません。同じように変数に値を入れ替えても変数の番地は変わりません。しかし箱そのものを変えたいときがあります。このようなときには番地を変数にすればよいわけです。それがポインタです。

　図 7-1 のプログラムに、番地とポインタの関係を示します。順に見ていきましょう。`int *p, *q` とあるのがポインタの定義です。これは p と q という名前（変数名）のポインタが int で示されている整数を指すことを表しています。ポインタ p がある整数型の変数 x の番地をもつとき、「ポインタ p が、変数 x を指す」といいます。

　プログラムは、整数変数 a と b も定義しています。それぞれ 123 と 456 を代入しています。つまり変数 a と b の値は 123 と 456 です。番地はわかりませんが、記憶領域のどこかです。「p = &a」と「q = &b」で、変数 a と b の番地をポインタ p と q に取り込んでいます。「&x」と書くと、変数 x の番地を表すことができるのです。したがって、プログラムの 14 行目で行っているように、p と q の値を表示すると記憶領域中の番地を調べることができます。普段使うことはないと思いますが、デバッグのときにポインタがどこを指しているのか知りたいときなどに役に立ちます。

　ポインタが指している記憶領域に格納されている値を取り出したいときは「*p」と書きます。つまりここでは *p=123 かつ *q=456 です。

　図 7-2 に実行結果を示します。a の値と *p の値が同じで、a の番地（&a）と p の値（番地）が同じことを確認してください。変数 b とポインタ q についても同様です。

　プログラムは、16 行目と 17 行目でポインタの指す相手を交換しています。すなわちポインタ p

が変数 b を、そしてポインタ q が変数 a を指すようにしています。プログラムと実行結果を見比べて、理解を深めてください。

```
1   /* ポインタとポインタの指している値の表示 */
2   #include <stdio.h>
3
4   int main(void) {
5       int a, b;
6       int *p, *q;
7
8       a = 123;
9       b = 456;
10      p = &a;
11      q = &b;
12      printf("a=% d¥tb=% d¥n", a, b);
13      printf("&a=% p¥t&b=% p¥n", &a, &b);
14      printf("p=% p¥tq=% p¥n", p, q);
15      printf("*p=% d¥t*q=% d", *p, *q);
16      p = &b;
17      q = &a;
18      printf("¥nafter exchange:¥n");
19      printf("a=% d¥tb=% d¥n", a, b);
20      printf("&a=% p¥t&b=% p¥n", &a, &b);
21      printf("p=% p¥tq=% p¥n", p, q);
22      printf("*p=% d¥t*q=% d¥n", *p, *q);
23      return 0;
24  }
```

図 7-1 番地とポインタ（ファイル：pointer_test.c）

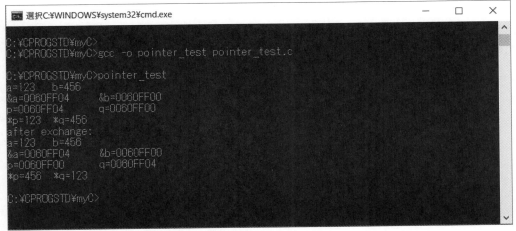

図 7-2 pointer_test.c のコンパイルと実行

第 7 章 ポインタ

配列とポインタ

　ところで、変数を格納する箱そのものを変えたいときにポインタを用いるといいましたが、いったいそれはどのようなときでしょうか。値ではなくて番地を変えることで、どのような利益があるのでしょうか。

　それは配列です。第6章で配列の値を順に取り出したいときに、arr[i] と定義したうえで、i の値をインクリメントして順番に取り出しました。また1つ先の値を取り出したいときは arr[i+1] とすればよいのでした。

　実は、配列を次のように宣言したときの x の値は配列の先頭番地を指しています。

```
int x[10];
```

　したがって、x の値をポインタに代入することができ、次のように記述することもできます。

```
int *p;
int x[10];
p = x;
```

　p = x の代わりに p = &x[0] と書いても同じです。

　ポインタ p が配列 a の先頭の要素 a[0] を指しているとき、次の4つの式は同じ要素を指しています。

```
a[i]     *(a + i)     p[i]     *(p + i)
```

　第6章で、文字列が、文字の配列であることを学びました。ポインタを使うと、文字列の配列も容易に作成できます。図 7-3 に、文字列の配列の例を示します。ここでは、配列の宣言と参照がポインタの宣言と参照と交換可能だということだけを理解してください。

```
1   /* 文字列の配列 */
2   #include <stdio.h>
3
4   int main (void) {
5       int n = 20;
6       int i;
7       char *ptr_name[] = { "赤井", "安藤", "青山", "有吉", "浅井", "浅野",
8                        "浅岡", "千葉", "江口", "遠藤", "藤井", "藤木",
9                        "藤原", "福永", "船橋", "古川", "二村", "花井",
10                       "原田", "橋本" };
11
12      for (i = 0; i < n; i++) {
13          printf("%s ¥n", ptr_name[i]);
14
15      }
16
17      return 0;
18  }
```

図 7-3 文字列の配列を読み取るプログラム（ファイル：string_array.c）

図 7-4 string_array.c のコンパイルと実行

例題 7-1 フィボナッチ数列（3）

例題 5-2 で配列を用いて計算したフィボナッチ数列を、ポインタを用いて計算し表示せよ。n=20 まで求めよ。

〔プログラム〕

```
 1   /* ポインタを使った、n=20 までのフィボナッチ数の計算 */
 2   #include <stdio.h>
 3
 4   int main (void) {
 5       int fib[20];
 6       int *ptr;
 7       int i;
 8
 9       ptr = fib;
10       *ptr = 1;
11       *(ptr + 1) = 1;
12       for (i = 0; i <= 18; i++) {
13           *(ptr + 2) = *ptr + *(ptr + 1);
14           ptr++;
15       }
16       ptr = fib;
17       for (i = 0; i < 20; i++) {
18           printf("%5d¥n", *ptr);
```

```
19        ptr++;
20    }
21
22    return 0;
23 }
```

　配列 fib を定義するところは同じですが、索引を使って配列の要素を取り出す代わりにポインタを用いています。配列の次の要素に移る際に、`ptr++` と、ポインタをインクリメントしていることに注目してください。実行結果は例題 5-2 と同様になります。

第**8**章

いろいろな関数

　これまで、ファイル名と一致するクラスを 1 つ用意し、そこに、main 関数を記述することによってプログラムとしました。実践的な C 言語のプログラムでは、main 関数から呼び出す複数の関数を定義したり、すでに用意してあるライブラリ関数を利用したりして、複雑なプログラムを作成します。

　本章では、すでに用意されている関数の利用方法について説明します。

数学関数

　C 言語では標準ライブラリとして多くの数学関数が定義されています。整数型の数学関数は標準ヘッダ <stdlib.h> で宣言されていますし、浮動小数点型の数学関数は標準ヘッダ <math.h> で宣言されています。主な関数には、以下のようなものがあります。

返り値の型	呼び出し形式	説明
int	abs(int a)	int 値の絶対値を返す。
int	srand(int a)	乱数の種を与える。
int	rand()	0 以上 RAND_MAX 以下の整数をランダムに返す。
double	fmin(double a、double b)	2 つの double 値のうち小さいほうを返す。
double	pow(double a、double b)	第 1 引数を、第 2 引数で累乗した値を返す。
double	sqrt(double a)	double 値の平方根を返す。
double	sin(double a)	角度の正弦（サイン）を返す。
double	cos(double a)	角度の余弦（コサイン）を返す。
double	tan(double a)	角度の正接（タンジェント）を返す。
double	asin(double a)	角度の逆正弦（アークサイン）を返す。
double	acos(double a)	角度の逆余弦（アークコサイン）を返す。
double	atan(double a)	角度の逆正接（アークタンジェント）を返す。
double	log(double a)	double 値の自然対数値（底は e）を返す。
double	log2(double a)	double 値の 2 を底とする対数を返す。
double	log10(double a)	double 値の 10 を底とする対数を返す。

型	呼び出し形式	説明
int	ceil (double a)	天井関数の計算結果を返す。
int	floor(double a)	床関数の計算結果を返す。
int	atoi (char *s)	s が指す文字列を、int 型の値に変換して返す。
long	atol (char *s)	s が指す文字列を、long 型の値に変換して返す。
double	atof (char *s)	s が指す文字列を、double 型の値に変換して返す。

文字列関数

文字列処理のための関数は、標準ヘッダ <string.h> で宣言されています。主な関数には、以下のようなものがあります。

返り値の型	呼び出し形式	説明
int	strlen (char *s)	s が指す文字列の長さを返す。
char *	strcpy (char *t, char *s)	s が指す文字列を t が指す文字列にコピーする。t の値を返す。
char *	strcat (char *t, char *s)	t が指す文字列の後ろに s が指す文字列を連結する。t の値を返す。
int	strcmp (char *t, char *s)	s が指す文字列と t が指す文字列を比較する。等しければ 0、t が s よりも大きければ正の整数値、t が s よりも小さければ負の整数値を返す。

入出力関数

第 1 章で出力関数には printf を、第 3 章で入力関数には scanf を用いることを学びました。それぞれ書式指定出力関数と書式指定入力関数です。書式としては、%d、%f、%s が、それぞれ整数、浮動小数点数、文字列を表すものであることを学びました。

ここでは、printf と scanf の代表的な書式指定子について整理しておくことにしましょう。

指定子	出力形式
%c	1 文字
%d	10 進表示の整数
%ld	10 進表示の long 型の整数
%u	10 進表示の符号なし整数
%e	指数表示の浮動小数点数
%f	10 進表示の浮動小数点数
%s	文字列
%o	8 進表示の整数
%x	16 進表示の整数
%p	ポインタ（番地）
%%	% 記号そのもの

図 8-1 printf の主な書式指定子

第 8 章 いろいろな関数

099

最小フィールド幅指定子と精度指定子を記入することができます。形式は、次のとおりです。

```
% [ 最小フィールド幅 ] [ . ] [ 精度 ]  書式指定子
```

　たとえば、次の書式指定子は、倍精度浮動小数点数をフィールド幅 10 で小数点以下 2 桁まで出力するように printf 関数に指示します。

```
% 10.2lf
```

指定子	出力形式
%c	1 文字
%d	10 進表記の整数
%ld	10 進表記の long 型の整数
%u	10 進表記の符号なし整数
%f	10 進表記の単精度浮動小数点数
%lf	10 進表記の倍精度浮動小数点数
%s	文字列
%o	8 進表記の整数
%x	16 進表記の整数

図 8-2 scanf の主な書式指定子

第 **9** 章

応用問題

本章では、アルゴリズムを設計し、これまで説明した C 言語の文法を用いた応用問題を紹介します。

例題 **9-1 π の計算（モンテカルロ法）**

モンテカルロ法を用いて π の値を計算せよ。

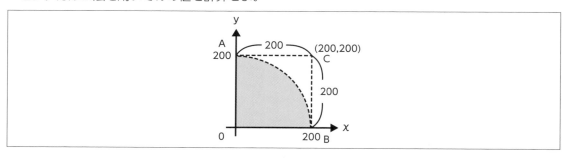

　まず、四角形 OABC（面積：200 × 200）の中にランダムに点を打つことを考えます。続いて、扇形 OAB（半径：200 の $\frac{1}{4}$ 円）に入る点（扇形の輪郭を含まない[1]）を数えます。たとえば、四角形の中に 20000 個の点をランダムに打ったとし、扇形の中に x 個の点があるとすると、四角形と扇型の面積比が 20000：x となるため、次の式が成立します。

$$40000 : 10000\pi = 20000 : x$$

　よって、π の値は

$$\pi = \frac{4x}{2000}$$

1:　半径 200 とした場合の $\frac{1}{4}$ 円の輪郭を含まないとする（図は半径 200（0〜199）の $\frac{1}{4}$ 円）。

と近似することができます。ランダムに点を打つことをプログラムで模擬することでπの近似を求めることができます。なお、乱数を使用するので、πの近似は、プログラムを実行するたびに異なった値が表示されます。

　そして、乱数を返す関数 rand は、0 から RAND_MAX で定義される整数（少なくとも 32,767）までの範囲の疑似乱数を返すものです。したがってリターン値を 200 で割った余りは、0 から 199 までの整数となります。rand は、標準ヘッダ <stdlib.h> で定義されています。

〔アルゴリズム〕

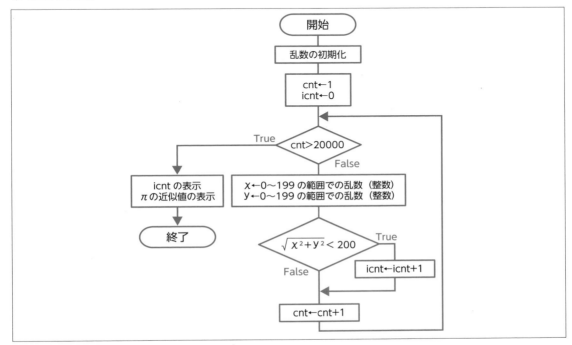

〔プログラム〕

```
1   /* モンテカルロ法 */
2   #include <stdio.h>
3   #include <stdlib.h>
4   #include <math.h>
5
6   int main (void) {
7       int i, x, y, cnt;
8       int icnt = 0, d = 20000;
9       double z;
10
11      for (cnt = 1; cnt <= d; cnt++) {
12          x = rand()% 200;
13          y = rand()% 200;
14          z = sqrt((double)pow(x,2) + (double)pow(y,2));
15          if (z < 200.0) icnt++;
```

```
16          }
17          printf("The number of points = % d¥n", icnt);
18          printf("PI = % lf¥n", (double)icnt / d * 4);
19          return 0;
20      }
```

なお、(double) icnt は、icnt の型を強制的に double にしています（これをキャスト（cast）
という）。こうしないと、演算子 / が整数の除算（商）になり、小数点以下が切り捨てられてしまいます。

〔実行結果〕

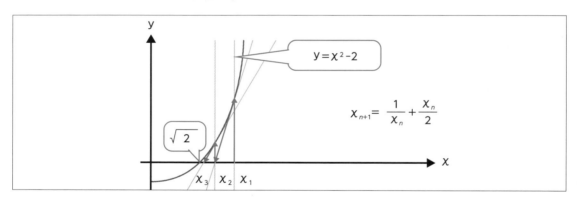

例題 9-2 ニュートン法

ニュートン法を用いて $\sqrt{2}$ の近似値を求めよ。

$y=x^2 - 2$ のグラフの x 切片が（$\sqrt{2}$、0）となるので、上図のように、適当な点 (x₁、0) から開始し、
下記の漸化式に従って、xₙを求めれば、$\sqrt{2}$に近づきます。[2]

$$x_{n+1} = \frac{1}{x_n} + \frac{x_n}{2}$$

2: 漸化式は、高校数学の範囲で求めることができますが、本書では証明は省略します。

〔アルゴリズム〕

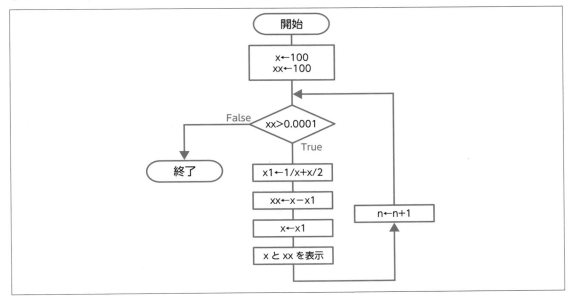

〔プログラム〕

```c
1   /* ニュートン法 */
2   #include <stdio.h>
3   #include <math.h>
4
5   int main (void) {
6       int i;
7       double x = 100.0, xx = 100.0, x1;
8
9       while (xx > 0.0001) {
10          x1 = 1 / x + x / 2;
11          xx = x - x1;
12          x = x1;
13          printf("Sqrt(2) = % lf.  Delta = % lf\n", x, xx);
14      }
15      return 0;
16  }
```

〔実行結果〕

```
C:¥WINDOWS¥system32¥cmd.exe                    —    □    ×

C:¥CPROGSTD¥myC>
C:¥CPROGSTD¥myC>gcc -o newton newton.c

C:¥CPROGSTD¥myC>newton
Sqrt(2) = 50.010000,  Delta = 49.990000
Sqrt(2) = 25.024996,  Delta = 24.985004
Sqrt(2) = 12.552458,  Delta = 12.472538
Sqrt(2) = 6.355895,   Delta = 6.196563
Sqrt(2) = 3.335282,   Delta = 3.020613
Sqrt(2) = 1.967466,   Delta = 1.367816
Sqrt(2) = 1.492001,   Delta = 0.475465
Sqrt(2) = 1.416241,   Delta = 0.075760
Sqrt(2) = 1.414215,   Delta = 0.002026
Sqrt(2) = 1.414214,   Delta = 0.000001

C:¥CPROGSTD¥myC>_
```

例題 9-3 並び替え（バブルソート）

次の数字の並びを昇順にせよ。

87 90 56 98 23

第一要素（87）から順に、2 つずつ第一要素と第二要素を比べ、「第一要素＞第二要素」になっていれば交換し、第二要素と第三要素を比べ、「第二要素＞第三要素」になっていれば交換し、という処理を繰り返します。1 通り、比較、交換が済めばどうなっているのでしょう。

以下、実際にやってみます。

87 と 90 を比べ、87 ＜ 90 であるので、そのままにします。

87 90 56 98 23

次に、90 と 56 を比べて 90 ＞ 56 であるので、交換します。

87 56 90 98 23

90 と 98 を比べ、90 ＜ 98 であるので、そのままにします。

87 56 90 98 23

98 と 23 を比べ、98 ＞ 23 であるので交換します。

87 56 90 23 98

以上で 1 通り終わりました。結果として、一番大きな数が一番右側に配置されます。

もう 1 通り実行してみましょう。

87 と 56 を比べ、87 ＞ 56 であるので、交換します。

56 87 90 23 98

87 と 90 を比べ、87 < 90 であるので、そのままにします。

```
56 87 90 23 98
```

90 と 23 を比べ、90 > 23 であるので、交換します。

```
56 87 23 90 98
```

90 と 98 を比べ、90 < 98 であるので、そのままにします。

以上で 2 通り終わりました。結果として、2 番目に大きな数が右から 2 番目に配置されます。

このように考えると、「要素数 − 1」通り以上の手続きを繰り返し実行すると昇順に並ぶことがわかります。このような並び替え（sort、整列）方法をバブルソート（bubble sort）といいます。

次に、以下のように要素の個数 N 個の整数型配列 arr を用意します。

arr(0) と arr(1) を比べ、arr(0) > arr(1) の場合、交換します。次に、arr(1) と arr(2) を比べ、arr(1) > arr(2) の場合、交換します。以上の処理を arr(N-2) と arr(N-1) を比べるまで繰り返します。

1 通り終わると、次のように arr(N-1) に一番大きな値が入ります。

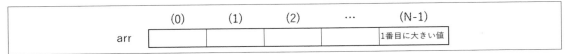

さらに、もう 1 通り処理をすると、arr(N-2) に 2 番目に大きな値が入ります。

	(0)	(1)	(2)	⋯	(N-2)	(N-1)
arr					2番目に大きい値	1番目に大きい値

同様に 3 通り目の処理をすると、arr(N-3) に三番目に大きな値が入ります。

	(0)	(1)	(2)	⋯	(N-3)	(N-2)	(N-1)
arr					3番目に大きい値	2番目に大きい値	1番目に大きい値

最終的に N-1 回処理を繰り返すことによって、右から順に（N-1）個の値が入り、結果として昇順に並び変わることがわかります。

〔アルゴリズム〕

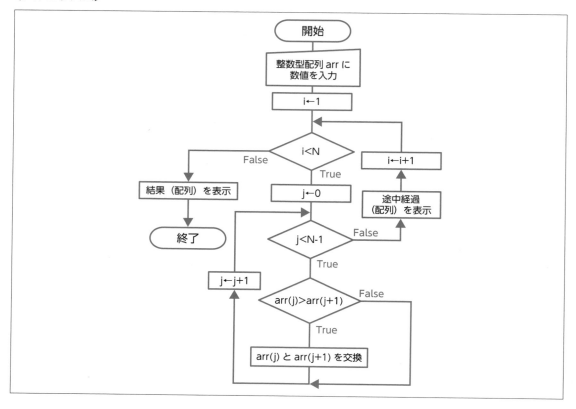

〔プログラム〕

```
1   /* 並び替え (バブルソート) */
2   #include <stdio.h>
3
4   int main (void) {
5       int arr[]  = { 87, 90, 56, 98, 23 };
6       int i, j, t;
7
8       for (j = 0; j < 5; j++) {
9               printf("%3d", arr[j]);
10          }
11      printf("¥n");
12      for (i = 0; i < 4; i++) {
13          for (j = 0; j < 4; j++) {
14              if (arr[j] > arr[j+1]) {
15                  t = arr[j];
16                  arr[j] = arr[j+1];
17                  arr[j+1] = t;
18              }
19          }
20          for (j = 0; j < 5; j++) {
21              printf("%3d", arr[j]);
```

```
22          }
23          printf("¥n");
24      }
25      for (j = 0; j < 5; j++) {
26              printf("%3d", arr[j]);
27      }
28      return 0;
29  }
```

〔実行結果〕

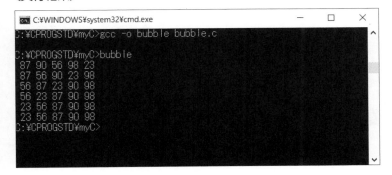

例題 9-4 逆ポーランド記法

コンパイラで中心となる数式の中間表現である逆ポーランド記法[3]に変換するプログラムを考える。
たとえば、

- 入力：A=B+C*(D+E)
- 出力：ABCDE+*+=

のように変換する（A、B、C、D、Eは変数とする）。このように変換することで、入力の数式の中
に括弧があっても括弧を消去し、コンパイラの後処理で都合よく処理することができる。

オペランドは、簡単のために演算子以外の 1 文字とする。演算子は、'='、'+'、'-'、'*'、'/' の 5 種類とし、
括弧 '('、')' や、入力の最後を意味する '$'、スタックの底を意味する '^' も演算子として扱う。演算子
の優先順位は、オペランド >（'*' = '/'）>（'+' = '-'）>（'(' = ')'）> ' = ' >（'^' = '$'）とする。

〔アルゴリズム〕

変数および記号（演算子および括弧）からなる入力（X_i）、逆ポーランド記法に変換後の出力（Z_i）、

3: ポーランド記法とは「1 + 2」を「+ 12」というように、演算子「+」を被演算子「1」「2」の前に置くものです。一方、逆ポー
ランド記法とは、ポーランド記法とは演算子と被演算子の順序が逆になるもので、上記の例では「12 +」と記述されます。そし
て逆ポーランド記法で「3 +（2 × 4）」は「324 ×+」となり、（ ）を使わずに記述できるため、コンピュータが理解しやすい
記述方法といえます。

変換の際に用いるスタック[4] (y_i) を定義します。

スタック

入力：Xi

優先順位（オペランドを 0 としている）

オペランド（1 文字記号）	0
* /	-1
+ −	-2
=	-3
( )	-4
^ $	-5

出力：Zi

に関する処理

1. 優先順位が、Xi ≦ Yj のとき、演算子 Yj をスタックからポップ[5]して Zk に出力する。その後の Xi と Yj についても同様の処理を繰り返す。最終的に、$X_i > Y_j$ になったら、演算子 X_i をスタックへプッシュ[6]する。

2. 入力 X_i が左括弧（'('）のとき、そのままスタック Y_i にプッシュする。

3. 入力 X_i が右括弧（')'）のとき、次の手順に従う。
   （ア）スタック Y_j が左括弧なら、入力 X_i とスタック Y_j を消去し、次の入力処理へ進む。
   （イ）スタック Y_j が左括弧以外なら、スタック Y_j をポップし Z_k に出力し、次の Y_{j-1} を Y_j として（ア）または、（イ）を繰り返す。

4. 入力 X_i が終了のとき、スタックに残った演算子を Z_k に出力する。

〔プログラム〕

```
1   /* 文字列の配列 */
2   #include <stdio.h>
```

4: スタックとは、後に入れたものが先に出てくるようになっているものです。

5: ポップとは、スタックからデータを取り出すことです。

6: プッシュとは、スタックにデータを入れることです。

```
3
4    int main (void) {
5        int level[256];
6         /* level[ オペランド ] = 配列の初期値 0 */
7        level['*'] = -1;
8        level['/'] = -1;
9        level['+'] = -2;
10       level['-'] = -2;
11       level['='] = -3;
12       level['('] = -4;
13       level[')'] = -4;
14       level['$'] = -5;
15       level['^'] = -5;
16
17       char x[] =
18        { 'A', '=', 'B', '+', 'C', '*', '(', 'D', '+', 'E', ')', '$' };
19       int  i = 0;
20       char y[100];
21       int  j = 0;
22       y[0] = '^';
23
24       for (i = 0; i < 11; i++) { printf("%2c", x[i]); }
25       printf("¥n");
26
27       i = 0;
28       while (x[i] != '$') {
29           switch (x[i]) {
30             case '(': y[++j] = x[i]; break;
31             case ')':
32                 while (y[j] != '(') {
33                     printf("%2c", y[j--]);
34                 }
35                 j--; break;
36             default:
37                 while (level[y[j]] >= level[x[i]]) {
38                     printf("%2c", y[j--]);
39                 }
40                 y[++j] = x[i];
41           }
42           i++;
43       }
44       while (y[j] != '^') {
45           printf("%2c", y[j--]);
46       }
47
48       return 0;
49   }
```

〔実行結果〕

```
C:¥CPROGSTD¥myC>
C:¥CPROGSTD¥myC>gcc -o rpn rpn.c

C:¥CPROGSTD¥myC>rpn
A = B + C * ( D + E )
A B C D E + * + =
C:¥CPROGSTD¥myC>
```

練習問題略解

■ 第1章

練習問題 1-1

例題 1-1 を参考に、プログラム中に■を配置していきましょう。

■ 第2章

練習問題 2-1

〔プログラム〕

```c
/* 金種の計算 */
#include <stdio.h>

int main (void) {
    int amount, ten_thousand, five_thousand, thousand, five_hundred,
    hundred, fifty, ten, five, one;

    printf(" 金額：");
    scanf("%d", &amount);

    if(amount <= 0) {
        printf(" 金額は正の整数でお願いします。");
        return 0;
    }

    ten_thousand = amount / 10000;
    amount = amount % 10000;
    five_thousand = amount / 5000;
    amount = amount % 5000;
```

```
        thousand = amount / 1000;
        amount = amount % 1000;
        five_hundred = amount / 500;
        amount = amount % 500;
        hundred = amount / 100;
        amount = amount % 100;
        fifty = amount / 50;
        amount = amount % 50;
        ten = amount / 10;
        amount = amount % 10;
        five = amount / 5;
        one = amount % 5;

        printf("10000 円札は %d 枚です。¥n", ten_thousand);
        printf(" 5000 円札は %d 枚です。¥n", five_thousand);
        printf(" 1000 円札は %d 枚です。¥n", thousand);
        printf("  500 円玉は %d 枚です。¥n", five_hundred);
        printf("  100 円玉は %d 枚です。¥n", hundred);
        printf("   50 円玉は %d 枚です。¥n", fifty);
        printf("   10 円玉は %d 枚です。¥n", ten);
        printf("    5 円玉は %d 枚です。¥n", five);
        printf("    1 円玉は %d 枚です。¥n", one);

        return 0;
}
```

〔実行結果〕

12345 円のとき、実行結果は次のようになります。

114

練習問題 2-2

〔プログラム〕

```c
/* 何時間何分何秒の計算 */
#include <stdio.h>

int main (void) {
    int time, hours, minutes, seconds, time_s;
    int hour = 60 * 60, minute = 60;
    printf(" 秒で入力：");
    scanf("%d", &time);

    if(time <= 0) {
        printf(" 正の整数でお願いします。");
        return 0;
    }

    time_s  = time;
    hours   = time / hour;
    time    = time % hour;
    minutes = time / minute;
    seconds = time % minute;

    printf("%d 秒は, %d 時間, %d 分, %d 秒です。¥n", time_s, hours, minutes, seconds);

    return 0;
}
```

〔実行結果〕

14256 秒のとき、実行結果は次のようになります。

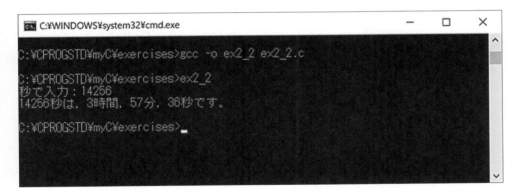

練習問題 2-3

半径 r の円の円周、円の面積、球の表面積、球の体積は、それぞれ次のように計算できます。

円周：$2\pi r$

円の面積：πr^2

球の表面積：$4\pi r^2$

球の体積：$\dfrac{4}{3}\pi r^3$

〔プログラム〕

```c
/* 円周, 円面積, 球表面積, 球体積の計算 */
#include <stdio.h>

int main (void) {
    double r, C, A, S, V;
    double pi = 3.14;

    printf(" 半径を入力：");
    scanf("%lf", &r);

    if(r <= 0) {
        printf(" 正の数でお願いします。");
        return 0;
    }

    C = 2*pi*r;
    A = pi*r*r;
    S = 4*pi*r*r;
    V = (4*pi*r*r*r)/3;
    printf(" 半径 %lf の円周は, %lf です。¥n", r, C);
    printf(" 半径 %lf の円の面積は, %lf です。¥n", r, A);
    printf(" 半径 %lf の外側の面積は, %lf です。¥n", r, S);
    printf(" 半径 %lf の球の体積は, %lf です。¥n", r, V);

    return 0;
}
```

半径 2.3 のとき、実行結果は次のようになります。

```
C:¥WINDOWS¥system32¥cmd.exe                                    ─

C:¥CPROGSTD¥myC>gcc -o ex2_3 ex2_3.c

C:¥CPROGSTD¥myC>ex2_3
半径を入力：2.3
半径2.300000の円周は、14.444000です。
半径2.300000の円の面積は、16.610600です。
半径2.300000の外側の面積は、66.442400です。
半径2.300000の球の体積は、50.939173です。

C:¥CPROGSTD¥myC>_
```

第3章

練習問題 3-1

〔プログラム〕

```c
/* コンピュータゲームの得点 */
#include <stdio.h>

int main (void) {
    int score;

    printf(" 得点を入力：");
    scanf("%d", &score);

    if(score < 0) {
        printf(" 入力ミスです。");
    } else if (score < 600) {
        printf(" もっと努力しよう。¥n");
    } else if (score < 700) {
        printf(" もう少し頑張ろう。¥n");
    } else if (score < 800) {
        printf(" よくできました。¥n");
    } else if (score <= 1000) {
        printf(" 大変よくできました。¥n");
    } else {
        printf(" 入力ミスです。¥n");
    }

    return 0;
}
```

〔実行結果〕

実行結果は次のようになります。

練習問題 3-2

〔プログラム〕

```c
/* 最大値と最小値の計算 */
#include <stdio.h>

int main (void) {
    int jan_l=2,  feb_l=2,  mar_l=5,  apr_l=10, may_l=15, jun_l=19;
    int jul_l=23, aug_l=24, sep_l=21, oct_l=15, nov_l=9, dec_l=4;
    int max = jan_l;
    int min = jan_l;

    if (feb_l > max) { max = feb_l; }
    else if (feb_l < min ) { min = feb_l; }
    if (mar_l > max) { max = mar_l; }
    else if (mar_l < min ) { min = mar_l; }
    if (apr_l > max) { max = apr_l; }
    else if (apr_l < min ) { min = apr_l; }
    if (may_l > max) { max = may_l; }
    else if (may_l < min ) { min = may_l; }
    if (jun_l > max) { max = jun_l; }
    else if (jun_l < min ) { min = jun_l; }
    if (jul_l > max) { max = jul_l; }
    else if (jul_l < min ) { min = jul_l; }
    if (aug_l > max) { max = aug_l; }
    else if (aug_l < min ) { min = aug_l; }
    if (sep_l > max) { max = sep_l; }
    else if (sep_l < min ) { min = sep_l; }
    if (oct_l > max) { max = oct_l; }
    else if (oct_l < min ) { min = oct_l; }
    if (nov_l > max) { max = nov_l; }
    else if (nov_l < min ) { min = nov_l; }
    if (dec_l > max) { max = dec_l; }
    else if (dec_l < min ) { min = dec_l; }

    printf(" 最大値：%d\n", max);
    printf(" 最小値：%d\n", min);

    return 0;
}
```

〔実行結果〕

実行結果は次のようになります。

```
C:¥WINDOWS¥system32¥cmd.exe                        —   □   ×

C:¥CPROGSTD¥myC¥exercises>gcc -o ex3_2 ex3_2.c

C:¥CPROGSTD¥myC¥exercises>ex3_2
最大値：24
最小値：2

C:¥CPROGSTD¥myC¥exercises>
```

第4章

練習問題 4-1

〔プログラム〕

```c
/* 四角形 */
#include <stdio.h>

int main (void) {
    int i, j;

    for (i = 0; i < 7; i++) {
        for (j = 0; j < 7; j++) {
            printf("*");
        }
        printf("¥n");
    }

    return 0;
}
```

〔実行結果〕

実行結果は次のようになります。

```
C:¥WINDOWS¥system32¥cmd.exe                        —    □    ×

C:¥CPROGSTD¥myC¥exercises>gcc -o ex4_1 ex4_1.c

C:¥CPROGSTD¥myC¥exercises>ex4_1
*******
*******
*******
*******
*******
*******
*******

C:¥CPROGSTD¥myC¥exercises>
```

練習問題 4-2

〔プログラム〕

```c
/* 三角形 */
#include <stdio.h>

int main (void) {
    int i, j;
    for (i = 1; i < 8; i++) {
        for (j = 0; j < i; j++) {
            printf("*");
        }
        printf("¥n");
    }

    return 0;
}
```

〔実行結果〕

実行結果は次のようになります。

練習問題 4-3

〔プログラム〕

```c
/* ひし形 */
#include <stdio.h>

int main (void) {
    int i, j;
    int n = 7;

    for (i = n / 2; i > 0; i--) {
        for (j = 0; j < i; j++) {
            printf("_");
        }
        for (j = 0; j < n - i * 2; j++ ) {
            printf("*");
        }
        printf("¥n");
    }

    for (i = 0; i <= n / 2; i++) {
        for (j = 0; j < i; j++) {
            printf("_");
        }
        for (j = 0; j < n - i * 2; j++ ) {
            printf("*");
        }
        printf("¥n");
    }

    return 0;
}
```

〔実行結果〕

実行結果は次のようになります。

```
C:¥WINDOWS¥system32¥cmd.exe                               ─   □   ×

C:¥CPROGSTD¥myC¥exercises>gcc -o ex4_3 ex4_3.c

C:¥CPROGSTD¥myC¥exercises>ex4_3
     *
    ***
   *****
  *******
   *****
    ***
     *

C:¥CPROGSTD¥myC¥exercises>
```

第 5 章

練習問題 5-1

〔プログラム〕

```c
/* 最大値と最小値の計算 */
#include <stdio.h>

int main (void) {
    int high[] = { 10, 10, 13, 19, 23, 26, 30, 31, 27, 22, 17, 12 };
    int max = high[0];
    int min = high[0];

    int i;
    for (i = 0; i < 12; i++) {
        if (high[i] > max) {
            max = high[i];
        }
        if (high[i] < min) {
            min = high[i];
        }
    }
    printf(" 最大値：%d¥n", max);
    printf(" 最小値：%d¥n", min);

    return 0;
}
```

〔実行結果〕

実行結果は次のようになります。

```
C:¥WINDOWS¥system32¥cmd.exe                              ─   □   ×

C:¥CPROGSTD¥myC¥exercises>
C:¥CPROGSTD¥myC¥exercises>gcc -o ex5_1 ex5_1.c

C:¥CPROGSTD¥myC¥exercises>ex5_1
最大値:31
最小値:10

C:¥CPROGSTD¥myC¥exercises>_
```

第6章

練習問題 6-1

〔プログラム〕

```c
/* 文字列の逆順 */
#include <stdio.h>
#include <string.h>

int main(void) {
    char s1[256], s2[256];
    int i, j;

    printf("入力:");
    scanf("%s", &s1);

    for (i=0, j=strlen(s1)-1; i < strlen(s1); i++, j--) {
        s2[i] = s1[j];
    }
    s2[i] = '¥0';

    printf("出力:%s¥n", s2);

    return 0;
}
```

〔実行結果〕

実行結果は次のようになります。

Index

書籍の正誤についてのお問合わせ

　万一誤りと疑われる箇所がございましたら、以下の方法にてご確認いただきますよう、お願いいたします。

　なお、正誤のお問合わせ以外の書籍内容に関する解説・受験指導は、**一切行っておりません。**そのようなお問合わせにつきましては、お答えいたしかねますので、あらかじめご了承ください。

□正誤表の確認方法

　TAC出版書籍販売サイト「Cyber Book Store」のトップページ内「正誤表」コーナーにて、正誤表をご確認ください。

　URL:https://bookstore.tac-school.co.jp/

□正誤のお問合わせ方法

　正誤表がない場合、あるいは該当箇所が掲載されていない場合は、書名、発行年月日、お客様のお名前、ご連絡先を明記の上、下記の方法でお問合わせください。

　なお、回答までに１週間前後を要する場合もございます。あらかじめご了承ください。

・e-mailにて問合わせる　syuppan-h@tac-school.co.jp

　お電話でのお問合わせは、お受けできません。

日商プログラミング検定STANDARD　C言語
公式ガイドブック　新装版

2019年５月31日　初　版　第１刷発行
2023年３月25日　新装版　第１刷発行

編 著 者	日 本 商 工 会 議 所 プログラミング検定研究会
発 行 者	多 田 敏 男
発 行 所	TAC株式会社　出版事業部 （TAC出版）

〒101-8383
東京都千代田区神田三崎町3-2-18
電　話 03 (5276) 9492 (営業)
ＦＡＸ 03 (5276) 9674
https://shuppan.tac-school.co.jp

組 版	株式会社　リブロワークス
印 刷	株式会社　ワコープラネット
製 本	東京美術紙工協業組合

Ⓒ JCCI 2023　　Printed in Japan　　ISBN 978-4-300-10619-8
N.D.C. 007